本书为

国家社科基金重点项目

国家出版基金项目

「十三五」国家重点出版物出版规划项目　结项成果

国家出版基金项目
NATIONAL PUBLICATION FOUNDATION

THE GENERAL ANNALS
OF CHINESE CONFUCIANISM

中国儒学通志

丛书主编　苗润田　冯建国

隋唐五代卷·纪年篇

本册作者　冯建国　李晓萍　李腾飞

ZHEJIANG UNIVERSITY PRESS
浙江大学出版社
·杭州·

图书在版编目(CIP)数据

中国儒学通志.隋唐五代卷.纪年篇 / 苗润田,冯
建国主编;冯建国,李晓萍,李腾飞著.—杭州:浙江大学
出版社,2022.12

ISBN 978-7-308-23166-4

Ⅰ.①中… Ⅱ.①苗… ②冯… ③李… ④李… Ⅲ.
①儒学－研究－中国－隋唐时代②儒学－研究－中国－五
代十国时期 Ⅳ.①B222.05

中国版本图书馆 CIP 数据核字(2022)第 192061 号

中国儒学通志·隋唐五代卷·纪年篇

主　　编　苗润田　冯建国
本册作者　冯建国　李晓萍　李腾飞

出 版 人　褚超孚
策　　划　袁亚春　陈　洁
统　　筹　陈丽霞　宋旭华　王荣鑫
责任编辑　吕倩岚
责任校对　蔡　帆
封面设计　项梦怡
出版发行　浙江大学出版社
　　　　　(杭州市天目山路 148 号　邮政编码 310007)
　　　　　(网址:http://www.zjupress.com)
排　　版　浙江时代出版服务有限公司
印　　刷　杭州钱江彩色印务有限公司
开　　本　710mm×1000mm　1/16
印　　张　22.75
字　　数　350 千
版 印 次　2022 年 12 月第 1 版　2022 年 12 月第 1 次印刷
书　　号　ISBN 978-7-308-23166-4
定　　价　218.00 元

"中国儒学通志"总序

　　儒学是中华传统文化的主干,是中华民族的精神血脉,它不但对中国古代的政治、经济、思想、文化、教育等诸多领域产生过广泛而深刻的影响,对人类文明的发展做出了巨大贡献,而且在今天仍然具有不容忽视的现代价值。儒家的思想理论,广泛涉及人与自然、人与人、人与社会、群与己、古与今、知与行、义与利、生与死、荣与辱、苦与乐、德与刑、善与恶、战争与和平等这样一些人类所面对的、贯通古今的矛盾和问题,提出了天人合一、天下为公、大同世界,修身正己、自强不息、厚德载物,以民为本、为政以德、见利思义、清廉从政,明体达用、经世致用、知行合一、仁者爱人、以德立人、以诚待人、讲信修睦,求同存异、和而不同、和谐相处,有教无类、因材施教、温故知新、学思结合等一系列为学、为人、为事、为官、处世的常理和常道,对于正确处理人与人的关系、人与自然的关系、个体与群体的关系、群体与群体的关系、不同民族和国家间的关系、不同文化和文明间的关系等都具有普遍的指导意义,是人类走向未来不可或缺的精神资源。这也就是一种产生在两千多年前农耕时代并且随着历史的发展不断前行的思想、学说,在信息时代的今天仍然具有广泛感召力、影响力,为世人所推重、学习、研究、传承的根本原因。"研究孔子、研究儒学,是认识中国人的民族特性、认识当今中国人精神世界历史来由的一个重要途径。"(《习近平在纪念孔子诞辰 2565 周年国际学术研讨会暨国际儒学联合会第五届会员大会开幕会上的讲话》)"中国儒学通志"是研究孔子、儒学的一个窗口。

　　"中国儒学通志"由纪年卷、纪事卷、学案卷三个部分组成。纪年卷主要记录自孔子创立儒学至 1899 年有关儒学发展的各个方面,包括重要儒学人物的生卒,儒学发展过程中有较大影响的事件,以及重要儒学论著的完成、刊印等,全方位展现儒学发展的面貌。纪事卷以事件为线索,记录有关中国儒学发展的重大历史事件，如"焚书坑儒""罢黜百家，独尊儒术"等，内容包括事件产生的原因、经过、结果及其对儒学发展的影响。学案卷以人物为中心，主要记述对儒学发展有较大影响的人物，包括该人物的生平事迹、对儒学所持的观点、在儒学发展史上的地位和贡献，以及有关的评价等。

"中国儒学通志"是我国著名学者庞朴先生继《20世纪儒学通志》（浙江大学出版社2013年6月）出版后主持的又一国家社会科学基金重点项目。庞先生去世后，2016年改由苗润田、冯建国教授主持。在苗润田、冯建国的主持下，该项目组建了一支有国内知名学者参加的学养深厚的研究队伍，制定了切实可行的研究计划和实施方案。通过多次召开小型学术研讨会，邀请王钧林教授、朱汉民教授、郭沂教授等专家学者与课题组成员一起，就课题的指导思想、整体框架、重点难点问题等展开广泛深入的研究，不但达成了学术共识而且促进并深化了对课题的认识。在这个过程中，浙江大学出版社、山东大学儒学高等研究院、山东大学人文社会科学研究院、山东大学哲学与社会发展学院自始至终都给予了巨大支持和帮助。彭丹博士协助我们做了大量的事务性工作。在此，谨向他们，向关心、支持"中国儒学通志"研究、撰著的朋友、同仁致以诚挚的谢意！

苗润田　冯建国

2022年12月于山东大学

目　录

隋代(581—618)

3

11

14

15

五代十国(907—960)

隋代(581—618)

隋文帝开皇元年　公元 581 年

1. 隋文帝诏郊庙冕服必依《礼经》

《隋书·高祖纪上》卷一:"六月癸未,诏以初受天命,赤雀降祥,五德相生,赤为火色。其郊及社庙,依服冕之仪,而朝会之服,旗帜牺牲,尽令尚赤,戎服以黄。"[①]

《资治通鉴·陈纪九》卷一百七十五:"六月,癸未,隋诏郊庙冕服必依《礼经》。其朝会之服、旗帜、牺牲皆尚赤,戎服以黄,常服通用杂色。"[②]

是年六月癸未日,隋文帝诏令,在郊祀、社庙等祭祀活动时,冠冕服饰都必须依《礼经》之仪。朝会时所穿朝服、国家所用旗帜、祭祀所用牲畜皆尚赤色,将士的戎服皆用黄色,人们平时所着服饰通用杂色。

2. 颜师古生

颜师古(581—645),名籀,字师古,京兆万年(今陕西西安)人,颜之推之孙,唐初经学家、语言文字学家、历史学家,初唐儒家学者代表人物之一。

3. 乐逊卒

乐逊(499—581),字遵贤,北周河东猗氏(今山西临猗)人,北朝经学

① 《隋书》,中华书局 1973 年版,第 15 页。
② 《资治通鉴》,中华书局 1956 年版,第 5441—5442 页。

家。尝师从硕儒徐遵明习儒家经典:《孝经》《丧服》《论语》《诗》《书》《礼》《易》《左氏春秋》。后又依周文帝诏教授诸皇子,主讲《孝经》《论语》《毛诗》及服虔所注《春秋左氏传》。历任辅国将军、骠骑将军、大都督,又进位上仪同大将军等。隋开皇元年卒于家。著有《孝经》《论语》《左氏春秋》序论十余篇,以及《春秋序义》,已佚。

4.戚衮卒

戚衮(519—581),字公文,吴郡盐官(今浙江海宁)人,少游学京都,受《三礼》于国子助教刘文绍,后就国子博士宋怀方质《仪礼》义,兼南北之学。年十九,梁武帝敕策《孔子正言》并《周礼》《礼记》义,衮对高第,除扬州祭酒从事史。后兼太学博士、除员外散骑侍郎,又迁员外散骑常侍、兼国子助教,除中卫始兴王府录事参军等。陈宣帝太建十三年卒,年六十三。撰《三礼义记》,值乱亡佚;《礼记义》四十卷行于世,今亦佚。清马国翰《玉函山房辑佚丛书》中收有《周礼音》。

5.郑灼卒

郑灼(514—581),字茂昭,东阳信安(今浙江衢州)人。少聪敏,性精勤,励志儒学,尤明《三礼》。累迁员外散骑侍郎、给事中、安东临川王府记室参军,转平西邵陵王府记室,后除通直散骑侍郎,兼国子博士,寻为威戎将军,兼中书通事舍人,又迁至中散大夫兼国子博士。太建十三年卒,年六十八。

开皇三年　公元 583 年

1. 隋文帝下劝学行礼诏

潞州刺史柳昂上表言说可劝学行礼。四月丙戌,文帝"诏天下劝学行礼"①。秋七月,"壬戌,诏曰:'行仁蹈义,名教所先,厉俗敦风,宜见褒奖'"②。

十一月己酉,隋文帝遣发使臣巡察各风俗,又下诏曰:"如有文武才用,未为时知,宜以礼发遣,朕将铨擢。其有志节高妙,越等超伦,亦仰使人就加旌异,令一行一善奖劝于人。远近官司,遐迩风俗,巨细必纪,还日奏闻。庶使不出户庭,坐知万里。"③

2. 牛弘上表请开献书之路

开皇初,牛弘迁授散骑常侍、秘书监。"弘以典籍遗逸,上表请开献书之路,曰:经籍所兴,由来尚矣。……是知握符御历,有国有家者,曷尝不以《诗》《书》而为教,因礼乐而成功也。"④

3. 牛弘奉敕撰《五礼》

《隋书·牛弘传》卷四十九载:开皇三年,弘"拜礼部尚书,奉敕修撰

---

① 《隋书》,中华书局 1973 年版,第 19 页。
② 《隋书》,中华书局 1973 年版,第 19—20 页。
③ 《隋书》,中华书局 1973 年版,第 20 页。
④ 《隋书》,中华书局 1973 年版,第 1297—1298 页。

《五礼》,勒成百卷,行于当世"①。

又《隋书·仪礼志一》卷六:"高祖命牛弘、辛彦之等采梁及北齐《仪注》,以为五礼云。"②

4. 沈重卒

沈重,字子厚,吴兴武康(今浙江德清西)人。博览群书,尤明《诗》《礼》及《左氏春秋》。尝除五经博士,累迁都官尚书、骠骑大将军、开府仪同三司、散骑常侍、太常卿等。曾于京师讨论《五经》及校定钟律。重讲述经义,辞义优洽,枢机明辩,为诸儒所推。开皇三年卒,年八十四。因学业该博,称"当世儒宗",兼通阴阳图纬、道经、释典。著有《周礼义》三十一卷、《仪礼义》三十五卷、《礼记义》三十卷、《毛诗义》二十八卷、《丧服经义》五卷、《周礼音》一卷、《仪礼音》一卷、《礼记音》二卷、《毛诗音》二卷。

---

① 《隋书》,中华书局1973年版,第1300页。
② 《隋书》,中华书局1973年版,第107页。

开皇四年　公元 584 年

1. 隋文帝祭祖祭天

《资治通鉴·陈纪十》卷一百七十六：开皇四年春"己巳,隋主享太庙;辛未,祀南郊"①。

2. 诏颁新历

《资治通鉴·陈纪十》卷一百七十六载："隋前华州刺史张宾、仪同三司刘晖等造《甲子元历》成,奏之。壬辰,诏颁新历。"②

3. 李谔倡风教,革文弊

据《隋书·李谔传》卷六十六、《资治通鉴·陈纪十》卷一百七十六,隋文帝不喜词华,诏公私文翰皆宜实录,泗州刺史司马幼之因文表华艳而获罪。是时,李谔有感于当时属文之家,体尚轻薄,递相师效,故向文帝奏陈："今朝廷虽有是诏,如闻外州远县,仍踵弊风:躬仁孝之行者,摈落私门,下加收齿;工轻薄之艺者,选充吏职,举送天朝。盖由刺史、县令未遵风教。请普加采察,送台推劾。"③复上言："士大夫矜伐干进,无复廉耻,乞明加罪黜,以惩风轨。"④文帝允之,并以李谔所奏诏示天下,四海靡然

---

① 《资治通鉴》,中华书局 1956 年版,第 5472 页。
② 《资治通鉴》,中华书局 1956 年版,第 5473 页。
③ 《资治通鉴》,中华书局 1956 年版,第 5475 页。
④ 《资治通鉴》,中华书局 1956 年版,第 5475 页。

向风,遂深革文弊。

按:李谔,字士恢,赵郡人。仕齐中书舍人、周天官都上士,历隋比部、考功二曹侍郎,赐爵南和伯,迁书侍御史。

4. 王通生

王通,字仲淹,讳通,死后门中弟子私谥"文中子",河东郡龙门(今山西万荣)人。隋朝著名儒学家、哲学家。

《全唐文·杜淹·文中子世家》卷一三五:"开皇四年,文中子始生。"[1]又载:"大业伊始,君子道消,达人远观,潜机独晓,步烟岭,卧云溪,轩冕莫得而干,罗网莫得而迮,时年二十二矣。"[2]

按:王通具体生年至今仍存在争议,大致有几种说法:周武帝建德六年、北周大象元年、北周大象二年、隋开皇四年等。

---

[1] 《全唐文》,中华书局 1983 年版,第 1368 页。
[2] 《全唐文》,中华书局 1983 年版,第 1338 页。

开皇五年　公元585年

1. 文帝诏行新礼

《隋书·高祖纪上》卷一载：隋文帝"五年春正月戊辰，诏行新礼"①。

《资治通鉴·陈纪十》卷一百七十六又载：至德三年春，"隋主命礼部尚书牛弘修五礼，勒成百卷；戊辰，诏行新礼"②。

2. 文帝诏征山东马光等六儒

《隋书·儒林传·马光传》卷七十五："开皇初，高祖征山东义学之士，光与张仲让、孔笼、窦士荣、张黑奴、刘祖仁等俱至，并授太学博士，时人号为六儒。然皆鄙野，无仪范，朝廷不之贵也。"③

又《隋书·高祖上》卷一载：开皇五年，夏四月"乙巳，诏征山东马荣伯等六儒"④。

按："六儒"不受朝廷所贵，最终或病或被诛或被遣亡，唯马光独存。马光，字荣伯，生卒年不详。武安（今河北武安）人。隋朝儒家学者，好学博览，尤明《三礼》。

---

① 《隋书》，中华书局1973年版，第22页。
② 《资治通鉴》，中华书局1956年版，第5480页。
③ 《隋书》，中华书局1973年版，第1717页。
④ 《隋书》，中华书局1973年版，第22页。

开皇六年　公元 586 年

1. 刘焯奉敕与刘炫等考定洛阳石经

《隋书·儒林传·刘焯传》卷七十五："六年，运洛阳石经至京师，文字磨灭，莫能知者，奉敕与刘炫等考定。"[①]

按：此处洛阳石经，当指刻有儒家经籍的《熹平石经》和《正始石经》。这二部石经皆在洛阳开刻，故名。

据《隋书·经籍志一》卷三十二载："又后汉镌刻七经，著于石碑，皆蔡邕所书。魏正始中，又立三字石经，相承以为七经正字。后魏之末，齐神武执政，自洛阳徙于邺都。行至河阳，值岸崩，遂没于水。其得至邺者，不盈太半。至隋开皇六年，又自邺京载入长安，置于秘书省，议欲补缉，立于国学。寻属隋乱，事遂寝废，营造之司，因用为柱础。"[②]

"后汉镌刻七经"，是指开刻于汉灵帝熹平四年的《熹平石经》，又称《汉石经》《一体石经》，将儒家经典《周易》《尚书》《鲁诗》《仪礼》《春秋》《公羊传》《论语》七种刻于石上。《熹平石经》是中国刻于石碑上最早的官定儒家经本。

"魏正始中，又立三字石经"，是指曹魏正始二年在洛阳开刻的《正始石经》。因其碑文以古文、隶书、篆书三种字体刻写，故又名《三体石经》，也称《魏石经》，内容主要包括《尚书》和《春秋》，以及部分《左传》。

北朝后魏时期，此二部石经从洛阳迁往邺城途中，有很大一部分被河水冲毁冲走，损失严重，到邺城时，所剩石经已经"不盈太半"。隋文帝开

---

① 《隋书》，中华书局 1973 年版，第 1718 页。

② 《隋书》，中华书局 1973 年版，第 947 页。

皇六年,又将这些剩下的石经,从邺城运到了长安。而此时,这些石经已经"文字磨灭,莫能知者",于是便命有真才实学的大儒刘焯、刘炫等人进行考定。

2. 约是年稍后,刘焯始专著述讲授

《隋书·儒林传·刘焯传》卷七十五:"六年,运洛阳石经至京师,文字磨灭,莫能知者,奉敕与刘炫等考定。后因国子释奠,与炫二人论义,深挫诸儒,咸怀妒恨,遂为飞章所谤,除名为民。于是优游乡里,专以教授著述为务,孜孜不倦。贾、马、王、郑所传章句,多所是非。《九章算术》《周髀》《七曜历书》十余部,推步日月之经,量度山海之术,莫不核其根本,穷其秘奥。著《稽极》十卷,《历书》十卷,《五经述议》,并行于世。"①

按:刘焯除名为民,著成诸书,约始于此年或稍后。

3. 隋文帝拒嵬王诃降隋

《资治通鉴·陈纪十》卷一百七十六:至德四年,"嵬王诃复惧诛,谋帅部落万五千户降隋,遣使诣阙,请兵迎之。隋主曰:'浑贼风俗,特异人伦,父既不慈,子复不孝。朕以德训人,何有成其恶逆乎!'乃谓使者曰:'父有过失,子当谏争,岂可潜谋非法,受不孝之名!溥天下之下皆朕臣妾,各为善事,即称朕心。嵬王既欲归朕,唯教嵬王为臣子之法,不可远遣兵马,助为恶事!'嵬王诃乃止"②。

———————————

① 《隋书》,中华书局1973年版,第1718—1719页。
② 《资治通鉴》,中华书局1956年版,第5488页。

开皇七年　公元 587 年

1. 隋制诸州岁贡士三人

《隋书·高祖纪上》卷一载：是年春，"乙未，制诸州岁贡三人"①。

《资治通鉴·陈纪十》卷一百七十六载：祯明元年，"乙未，隋制诸州岁贡士三人"②。

按：据《通典》记载，隋文帝废"九品中正制"，改为诸州每岁贡士三人，且明禁工商入仕。

2. 章华上书极谏陈后主获斩

《资治通鉴·陈纪十》卷一百七十六载：祯明元年，章华上书极谏，略曰："陛下即位，于今五年，不思先帝之艰难，不知天命之可畏；溺于嬖宠，惑于酒色；祠七庙而不出，拜三妃而临轩；老臣宿将弃之草莽，谄佞谗邪升之朝廷。今疆场日蹙，隋军压境，陛下如不改弦易张，臣见麋鹿复游于姑苏矣！"③陈后主怒而斩之。

按：章华，字仲宗，好学，通经史，善属文。

3. 文帝以伦常仁义衡量拓跋木弥降隋之事

《资治通鉴·陈纪十》卷一百七十六载：祯明二年，"吐谷浑裨王拓跋

---

① 《隋书》，中华书局 1973 年版，第 25 页。

② 《资治通鉴》，中华书局 1956 年版，第 5488 页。

③ 《资治通鉴》，中华书局 1956 年版，第 5495 页。

木弥请以千余家降隋。隋主曰:'普天之下,皆是朕臣,朕之抚育,俱存仁孝。浑贼惛狂,妻子怀怖,并思归化,自救危亡。然叛夫背父,不可收纳。又其本意正自避死,今若违拒,又复不仁。若更有音信,但宜慰抚,任其自拔,不须出兵应接。其妹夫及甥欲来,亦任其意,不劳劝诱也'"①。

---

① 《资治通鉴》,中华书局1956年版,第5502页。

开皇九年　公元 589 年

1. 文帝下诏,倡导学习儒经,谨遵儒训

《隋书·高祖纪下》卷二:九年夏四月壬戌,文帝诏曰:"往以吴、越之野,群黎涂炭,干戈方用,积习未宁。今率土大同,含生遂性,太平之法,方可流行。凡我臣僚,澡身浴德,开通耳目,宜从兹始。丧乱已来,缅将十载,君无君德,臣失臣道,父有不慈,子有不孝,兄弟之情或薄,夫妇之义或违,长幼失序,尊卑错乱。朕为帝王,志存爱养,时有臻道,不敢宁息。内外职位,遐迩黎人,家家自修,人人克念,使不轨不法,荡然俱尽。兵可立威,不可不戢;刑可助化,不可专行。禁卫九重之余,镇守四方之外,戎旅军器,皆宜停罢。代路既夷,群方无事,武力之子,俱可学文,人间甲仗,悉皆除毁。有功之臣,降情文艺,家门子侄,各守一经,令海内翕然,高山仰止。京邑庠序,爰及州县,生徒受业,升进于朝,未有灼然明经高第。此则教训不笃,考课未精,明勒所由,隆兹儒训。官府从宦,丘园素士,心迹相表,宽弘为念,勿为局促,乖我皇猷。朕君临区宇,于兹九载,开直言之路,披不讳之心,形于颜色,劳于兴寝。自顷逞艺论功,昌言乃众,推诚切谏,其事甚疏。公卿士庶,非所望也,各启至诚,匡兹不逮。见善必进,有才必举,无或嘿默,退有后言。颁告天下,咸悉此意。"①

2. 文帝诏牛弘等改定雅乐

《隋书·高祖纪下》卷二:九年十二月甲子,文帝诏曰:"朕祗承天命,清荡万方。百王衰敝之后,兆庶浇浮之日,圣人遗训,扫地俱尽,制礼作

---

① 《隋书》,中华书局 1973 年版,第 32—33 页。

乐,今也其时。朕情存古乐,深思雅道。郑、卫淫声,鱼龙杂戏,乐府之内,尽以除之。今欲更调律吕,改张琴瑟。且妙术精微,非因教习,工人代掌,止传糟粕,不足达神明之德,论天地之和。区域之间,奇才异艺,天知神授,何代无哉!盖晦迹于非时,俟昌言于所好,宜可搜访,速以奏闻,庶睹一艺之能,共就九成之业。"①遂诏太常牛弘、通直散骑常侍许善心、秘书丞姚察、通直郎虞世基等议定作乐。

又《隋书·牛弘传》卷四十九:"九年,诏改定雅乐,又作乐府歌词,撰定圆丘五帝凯乐,并议乐事。"②

3. 王元规卒

王元规(516—589),字正范,太原晋阳人。性孝,事母甚谨。少好学,十八岁通《春秋左氏传》《孝经》《论语》《丧服》。梁诏策《春秋》,举高第,时名儒咸称赏之。祯明三年入隋,为秦王府东阁祭酒。年七十四,卒于广陵。著有《春秋发题辞》及《义记》十一卷、《续经典大义》十四卷、《孝经义记》两卷、《左传音》三卷、《礼记音》两卷。

4. 何妥卒

何妥,生年不详,字栖凤,西城(今陕西安康)人。少机警,尝授太学博士,又除国子博士,加通直散骑常侍,进爵为公。开皇六年,出为龙州刺史,在职三年,以疾请还。后又除伊州刺史,不行,寻为国子祭酒,卒官。撰有《周易讲疏》十三卷、《孝经义疏》三卷,《庄子义疏》四卷,与沈重等撰《三十六科鬼神感应等大义》九卷,《封禅书》一卷,《乐要》一卷,文集十卷,并行于世。

---

① 《隋书》,中华书局1973年版,第34页。
② 《隋书》,中华书局1973年版,第1305页。

开皇十一年　公元591年

1. 李德林卒

李德林(531—591)，字公辅，博陵安平(今河北安平)人。该博坟典，阴阳纬候无不通涉，善为文章。天保八年，举秀才入邺，后射策五条，考皆为上，授殿中将军。又授员外散骑侍郎、加通直散骑侍郎，授内史上士，又授御史正下大夫，后赐爵咸安县男。开皇元年(581)，与太尉于翼、高颍等同修律令。五年，敕令撰录作相时文翰，勒成五卷，谓之《霸朝杂集》。后因忤圣意，出为湖州刺史，转怀州，又为考司所贬。卒于官，年六十一，赠大将军、廉州刺史，谥曰文。撰有文集八十卷，遭乱亡失，五十卷行于当世。曾敕撰《齐史》未成，其子百药续之，为《北齐书》。

2. 辛彦之卒

辛彦之(？—591)，陇西狄道(今陕西黄陵西)人。博学经史，非儒者不交，志存典制。北周明帝、武帝时历职典祀、太祝、乐部、御正四曹大夫，后封爵五原郡公。隋开皇初年，任官太常少卿，转国子祭酒。隋文帝欲更新制度，乃命彦之议定祀典。岁余，拜礼部尚书，与秘书监牛弘撰"新礼"，后迁潞州刺史，有惠政。卒于官，谥曰宣。撰有《坟典》一部、《六官》一部、《祝文》一部、《礼要》一部、《新礼》一部、《五经异义》一部，行于世。

开皇十四年　公元 594 年

1. 明克让卒

明克让(525—594),字弘道,平原鬲(今山东平原)人。少好儒雅,善谈论,博览书史,尤善《三礼》礼论。南梁初年,为尚书驾部郎,迁治书侍御史,右军记室参军。后迁侍读皇太子,累迁中书侍郎,国子博士等职。又历汉东、南陈二郡守,拜仪同三司,累迁司调大夫,赐爵历城县伯。开皇十四年,以疾去官,加通直散骑常侍,卒,年七十。著有《孝经义疏》一部、《古今帝代记》一卷、《文类》四卷、《续名僧记》一卷、集二十卷。

2. 隋文帝下诏废弃人间旧体乐,施用正乐雅声

《隋书·高祖纪下》卷二:"十四年夏四月乙丑,诏曰:'在昔圣人,作乐崇德,移风易俗,于斯为大。自晋氏播迁,兵戈不息,雅乐流散,年代已多,四方未一,无由辨正。赖上天鉴临,明神降福,拯兹涂炭,安息苍生,天下大同,归于治理,遗文旧物,皆为国有。比命所司,总令研究,正乐雅声,详考已讫,宜即施用,见行者停。人间音乐,流僻日久,弃其旧体,竞造繁声,浮宕不归,遂以成俗。宜加禁约,务存其本。'"①

---

① 《隋书》,中华书局 1973 年版,第 38—39 页。

开皇十八年 公元 598 年

1. 诏增设科名举人

《隋书·高祖纪下》卷二："（开皇十八年秋七月）丙子，诏京官五品已上，总管、刺史，以志行修谨、清平干济二科举人。"[①]

按：以"志行修谨"、"清平干济"二科选士，即以分科考试的办法来选拔官吏，正式废除"九品中正制"。

---

① 《隋书》，中华书局 1973 年版，第 43 页。

开皇二十年　公元600年

1. 太子征天下历算之士集于东宫

《隋书·律历志下》卷十八："开皇二十年，袁充奏日长影短，高祖因以历事付皇太子，遣更研详著日长之候。太子征天下历算之士，咸集于东宫。刘焯以太子新立，复增修其书，名曰《皇极历》，驳正胄玄之短。"①

---

① 《隋书》，中华书局1973年版，第459页。

仁寿元年　公元 601 年

1. 隋文帝由崇诚与孝到废太学、四门、州县学

《隋书·高祖纪下》卷二：仁寿元年春正月辛丑，文帝诏曰："君子立身，虽云百行，唯诚与孝，最为其首。……自今已后，战亡之徒，宜入墓域。"[①]同年六月，"乙丑，诏曰：'……而国学胄子，垂将千数，州县诸生，咸亦不少。徒有名录，空度岁时，未有德为代范，才任国用。良由设学之理，多而未精。今宜简省，明加奖励。'于是国子学唯留学生七十人，太学、四门及州县学并废"[②]。

又《隋书·儒林传·刘炫传》卷七十五："开皇二十年，废国子四门及州县学，唯置太学博士二人，学生七十二人。炫上表言学校不宜废，情理甚切，高祖不纳。"[③]

---

① 《隋书》，中华书局 1973 年版，第 46 页。
② 《隋书》，中华书局 1973 年版，第 46—47 页。
③ 《隋书》，中华书局 1973 年版，第 1720—1721 页。

仁寿二年　公元 602 年

1. 房晖远约卒于是年

房晖远（约 531—约 602），字崇儒，恒山真定（今河北石家庄）人。研治《三礼》《春秋三传》《诗》《书》《周易》，牛弘称其为"五经库"，兼善图纬，以教授为务，负笈而从其学者动以千计。入隋，迁太常博士。后数岁，授殄寇将军，复为太常博士，未几，擢为国子博士。仁寿中卒官，时年七十二。

2. 隋文帝下诏推儒，敕令牛弘等修定五礼

《隋书·高祖纪下》卷二：二年冬十月闰月己丑，诏曰："礼之为用，时义大矣。黄琮苍璧，降天地之神，粢盛牲食，展宗庙之敬，正父子君臣之序，明婚姻丧纪之节。故道德仁义，非礼不成，安上治人，莫善于礼。自区宇乱离，绵历年代，王道衰而变风作，微言绝而大义乖，与代推移，其弊日甚。至于四时郊祀之节文，五服麻葛之隆杀，是非异说，踳驳殊途，致使圣教凋讹，轻重无准。朕祗承天命，抚临生人，当洗涤之时，属干戈之代。克定祸乱，先运武功，删正彝典，日不暇给。今四海乂安，五戎勿用，理宜弘风训俗，导德齐礼，缀往圣之旧章，兴先王之茂则。尚书左仆射、越国公杨素，尚书右仆射、邳国公苏威，吏部尚书、奇章公牛弘，内史侍郎薛道衡，秘书丞许善心，内史舍人虞世基，著作郎王劭，或任居端揆，博达古今，或器推令望，学综经史。委以裁缉，实允佥议。可并修定五礼。"[1]

----

[1]　《隋书》，中华书局 1973 年版，第 48 页。

仁寿三年　公元 603 年

1. 诏报父母之德

《隋书·高祖纪下》卷二：三年夏五月癸卯，文帝诏曰："哀哀父母，生我劬劳，欲报之德，昊天罔极。但风树不静，严敬莫追，霜露既降，感思空切。六月十三日，是朕生日，宜令海内为武元皇帝、元明皇后断屠。"①

2. 诏定丧制

《隋书·高祖纪下》卷二：三年六月甲午，诏曰："而儒者徒拟三年之丧，立练禫之节，可谓苟存其变，而失其本，欲渐于夺，乃薄于丧。致使子则冠练去经，黄里缘缘，经则布葛在躬，粗服未改。岂非经哀尚存，子情已夺，亲疏失伦，轻重颠倒！乃不顺人情，岂圣人之意也！故知先圣之礼废于人邪，三年之丧尚有不行之者，至于祥练之节，安能不坠者乎？……然丧与易也，宁在于戚，则礼之本也。礼有其余，未若于哀，则情之实也。今十一月而练者，非礼之本，非情之实。由是言之，父存丧母，不宜有练。但依礼十三月而祥，中月而禫。庶以合圣人之意，达孝子之心。"②

3. 诏令州县搜扬贤哲

《隋书·高祖纪下》卷二：仁寿三年秋七月丁卯，诏曰："至于间阎秀异

---

① 《隋书》，中华书局 1973 年版，第 49 页。
② 《隋书》，中华书局 1973 年版，第 49—50 页。

之士,乡曲博雅之儒,言足以佐时,行足以励俗,遗弃于草野,埋灭而无闻,岂胜道哉!……唯恐商歌于长夜,抱关于夷门,远迹犬羊之间,屈身僮仆之伍。其令州县搜扬贤哲,皆取明知今古,通识治乱,究政教之本,达礼乐之源。不限多少,不得不举。限以三旬,咸令进路。征召将送,必须以礼。"①

4. 王通奏《太平十二策》

本年,王通西游长安,见隋文帝,奏《太平策》十二:"尊王道,推霸略,稽今验古,恢恢乎运天下于指掌矣。"文帝大悦,下其议于公卿,公卿不悦。其书终未被用。王通作《东征之歌》而归,曰:"我思国家兮,远游京畿。忽逢帝王兮,降礼布衣。遂怀古人之心乎,将兴太平之基。时异事变兮,志乖愿违。吁嗟!道之不行兮,垂翅东归。皇之不断兮,劳身西飞。"②

又《中说·魏相篇》载:"子谒见隋祖,一接而陈《十二策》,编成四卷。"③

---

① 《隋书》,中华书局 1973 年版,第 50—51 页。
② 王通著,张沛校注:《中说校注》,中华书局 2013 年版,第 268 页。
③ 王通著,张沛校注:《中说校注》,中华书局 2013 年版,第 213 页。

仁寿四年　公元 604 年

1. 刘焯上《皇极历》

　　《隋书·天文志上》卷十九:"仁寿四年,河间刘焯造《皇极历》,上启于东宫。"[①]

---

① 《隋书》,中华书局 1973 年版,第 520 页。

隋炀帝大业元年　公元605年

1.隋炀帝诏巡省方俗,宣扬风化

《隋书·炀帝纪上》卷三:大业元年春正月戊申,发八使巡省各地风俗。下诏曰:"今既布政惟始,宜存宽大。可分遣使人,巡省方俗,宣扬风化,荐拔淹滞,申达幽枉。孝悌力田,给以优复。鳏寡孤独不能自存者,量加振济。义夫节妇,旌表门闾。高年之老,加其版授,并依别条,赐以粟帛。笃疾之徒,给侍丁者,虽有侍养之名,曾无赒赡之实,明加检校,使得存养。若有名行显著,操履修洁,及学业才能,一艺可取,咸宜访采,将身入朝。所在州县,以礼发遣。其有蠹政害人,不便于时者,使还之日,具录奏闻。"①

2.隋炀帝复开庠序

《隋书·炀帝纪上》卷三:闰七月丙子,炀帝诏曰:"方今宇宙平一,文轨攸同,十步之内,必有芳草,四海之中,岂无奇秀! 诸在家及见入学者,若有笃志好古,耽悦典坟,学行优敏,堪膺时务,所在采访,具以名闻,即当随其器能,擢以不次。若研精经术,未愿进仕者,可依其艺业深浅,门荫高卑,虽未升朝,并量准给禄。庶夫恂恂善诱,不日成器,济济盈朝,何远之有! 其国子等学,亦宜申明旧制,教习生徒,具为课试之法,以尽砥砺之道。"②

---

① 《隋书》,中华书局1973年版,第62—63页。
② 《隋书》,中华书局1973年版,第64—65页。

《隋书·儒林传序》卷七十五:"及高祖暮年,精华稍竭,不悦儒术,专尚刑名,执政之徒,咸非笃好。既仁寿间,遂废天下之学,唯存国子一所,弟子七十二人。炀帝继位,复开庠序,国子郡县之学,盛于开皇之初。征辟儒生,远近毕至,使相与讲论得失于东都之下,纳言定其差次,一以闻奏焉。"①

---

① 《隋书》,中华书局 1973 年版,第 1706—1707 页。

大业二年　公元 606 年

1. 敕为自古已来贤人君子营立祠宇，以时致祭

《隋书·炀帝纪上》卷三：五月乙卯，诏曰："旌表先哲，式存飨祀，所以优礼贤能，显彰遗爱。朕永鉴前修，尚想名德，何尝不兴叹九原，属怀千载。其自古已来贤人君子，有能树声立德、佐世匡时、博利殊功、有益于人者，并宜营立祠宇，以时致祭。坟垄之处，不得侵践。有司量为条式，称朕意焉。"①

2. 杨汪与众儒讲论

《隋书·杨汪传》卷五十六："炀帝即位……岁余，拜国子祭酒。帝令百僚就学，与汪讲论，天下通儒硕学多萃焉，论难锋起，皆不能屈。帝令御史书其问答奏之，省而大悦，赐良马一匹。"②

按：杨汪（？—621），字元度，弘农华阴人。专精《左氏传》，通《三礼》。历尚书司勋兵部二曹侍郎、秦州总管长史，迁尚书左丞，坐事免，后历荆、洛二州长史。曾拜国子祭酒，与天下硕儒讲论。隋末，事王世充，充败，以凶党诛死。

---

① 《隋书》，中华书局 1973 年版，第 66 页。
② 《隋书》，中华书局 1973 年版，第 1394 页。

大业三年 公元 607 年

1. 诏以十科举人

《隋书·炀帝纪上》卷三：夏四月甲午，炀帝诏曰："夫孝悌有闻，人伦之本，德行敦厚，立身之基。或节义可称，或操履清洁，所以激贪厉俗，有益风化。强毅正直，执宪不挠，学业优敏，文才美秀，并为廊庙之用，实乃瑚琏之资。才堪将略，则拔之以御侮，膂力骁壮，则任之以爪牙。爰及一艺可取，亦宜采录，众善毕举，与时无弃。以此求治，庶几非远。文武有职事者，五品已上，宜依令十科举人。有一于此，不必求备。朕当待以不次，随才升擢。其见任九品已上官者，不在举送之限。"①

2. 诏为高祖文皇帝别建庙宇

《隋书·炀帝纪上》卷三：六月丁亥，诏曰："高祖文皇帝宜别建庙宇，以彰巍巍之德，仍遵月祭，用表蒸蒸之怀。有司以时创造，务合典制。又名位既殊，礼亦异等。天子七庙，事著前经，诸侯二昭，义有差降，故其以多为贵。王者之礼，今可依用，贻厥后昆。"②

---

① 《隋书》，中华书局 1973 年版，第 67—68 页。
② 《隋书》，中华书局 1973 年版，第 69 页。

3. 宇文弼卒

宇文弼(546—607),字公辅,河南洛阳人,慷慨有大节,博学多才。奉诏修定五礼,历职显要,声望甚重。因与高颍之论被诛,时年六十二。著有辞赋二十余万言。

大业四年　公元 608 年

1. 诏立孔子后为绍圣侯

《隋书·炀帝纪上》卷三：冬十月丙午，炀帝诏曰："先师尼父，圣德在躬，诞发天纵之姿，宪章文、武之道。命世膺期，蕴兹素王，而颓山之叹，忽逾于千祀，盛德之美，不存于百代。永惟懿范，宜有优崇。可立孔子后为绍圣侯。有司求其苗裔，录以申上。"①

---

① 《隋书》，中华书局 1973 年版，第 72 页。

大业五年　公元 609 年

1. 诏诸郡以四科举人

《隋书·炀帝纪上》卷三：大业五年六月辛亥，"诏诸郡学业该通、才艺优洽，膂力骁壮、超绝等伦，在官勤奋、堪理政事，立性正直、不避强御四科举人。"①

2. 诏令近郡处置耆老者

《隋书·炀帝纪上》卷三：冬十月癸亥，炀帝诏曰："优德尚齿，载之典训，尊事乞言，义彰胶序。鬻熊为师，取非筋力，方叔元老，克壮其猷。朕永言稽古，用求至治，是以庞眉黄发，更令收叙，务简秩优，无亏药膳，庶等卧治，伫其弘益。今岁耆老赴集者，可于近郡处置，年七十以上，疾患沉滞，不堪居职，即给赐帛，送还本郡；其官至七品已上者，量给廪，以终厥身。"②

---

① 《隋书》，中华书局 1973 年版，第 73 页。
② 《隋书》，中华书局 1973 年版，第 74 页。

大业六年　公元 610 年

1. 刘焯卒

刘焯（544—610），字士元，信都郡昌亭（今河北冀州）人，与刘炫合称"二刘"。少以儒学知名，为州博士。后举秀才，射策甲科，参与修国史、议律历，除员外将军，曾奉敕考定洛阳石经。后因被谤而除名为民，遂优游乡里，教授著述。炀帝即位，迁太学博士，年六十七卒。其历法著作有《稽极》十卷、《历书》十卷，还编有《皇极历》等，经学著作主要是《五经述议》，已佚。清代马国翰《玉函山房辑佚书》中辑有《尚书刘氏义疏》一卷。

按：刘焯卒年，又有大业四年（608）之说。《隋书·律历志下》卷十八载："四年，驾幸汾阳宫，太史奏曰：'日食无效。'帝召焯，欲行其历。袁允方幸于帝，左右胄玄，共排焯历，又会焯死，历竟不行。"①

2. 牛弘卒

牛弘（545—610），本姓裹，字里仁，安定鹑觚（今甘肃灵台）人。开皇初，迁授散骑常侍、秘书监，上表请开献书之路。后拜礼部尚书，奉敕修撰《五礼》，勒成百卷，行于当世。卒于江都郡，时年六十六。炀帝伤惜之，赠开府仪同三司、光禄大夫、文安侯，谥曰"宪"。

---

① 《隋书》，中华书局 1973 年版，第 461 页。

大业九年　公元 613 年

1. 刘炫约卒于是年

刘炫(约 546—约 613),字光伯,河间景城(今河北献县)人,门人私谥"宣德先生",与刘焯合称"二刘"。曾奉敕修国史、天文律历,兼于内史省考定群言,除殿内将军,后因造伪书而除名。后又与诸儒修定《五礼》,授旅骑尉。曾上表劝阻高祖废学校。炀帝初,引为修律令,射策高第,除太学博士等。隋末,饥寒而死,年六十八。撰有《论语述议》十卷、《春秋攻昧》十卷、《五经正名》十二卷、《孝经述议》五卷、《春秋述议》四十卷、《尚书述议》二十卷、《毛诗述议》四十卷、《注诗序》一卷、《算术》一卷,并行于世。

大业十年　公元614年

1. 诏举郡孝悌廉洁各十人

《隋书·炀帝纪下》卷四：大业十年"五月庚子，诏举郡孝悌廉洁各十人"①。

---

① 《隋书》，中华书局1973年版，第87页。

大业十三年/隋恭帝义宁元年 公元617年

1. 王通卒

王通(584—617),字仲淹,讳通,河东郡龙门(今山西万荣)人。有济苍生之心,向文帝奏呈《太平十二策》,未纳。后因人举荐为蜀郡司户书佐、蜀王侍读,但于大业年间弃官归家,在河汾间专以讲学著述为业。门人自远而至,达千余人,董常、姚义、杜淹、李靖、程元、窦威、薛收、贾琼、房玄龄、魏徵、温大雅、陈叔达等,皆称受教于王通。其间数次被诏,皆不就。病卒,门中弟子私谥"文中子"。撰有《礼论》二十五篇,列为十卷;《乐论》二十篇,列为十卷;《续书》一百五十篇,列为二十五卷;《续诗》三百六十篇,列为十卷;《元经》五十篇,列为十五卷;《赞易》七十篇,列为十卷。

唐代(618—907)

唐高祖武德元年　公元 618 年

1. 唐高祖颁诏兴学

《旧唐书·儒学传序》卷一百八十九上载:"及高祖建义太原,初定京邑,虽得之马上,而颇好儒臣。以义宁三年五月,初令国子学置生七十二员,取三品已上子孙;太学置生一百四十员,取五品已上子孙;四门学生一百三十员,取七品已上子孙。上郡学置生六十员,中郡五十员,下郡四十员。上县学并四十员,中县三十员,下县二十员。武德元年,诏皇族子孙及功臣子弟,于秘书外省别立小学。二年,诏曰:……宜令有司于国子学立周公、孔子庙各一所,四时致祭。仍博求其后,具以名闻,详考所宜,当加爵土。是以学者慕向,儒教聿兴。"[①]

《资治通鉴·唐纪一》卷一百八十五载:五月壬申,唐高祖"命裴寂、刘文静等修定律令。置国子、太学、四门生,合三百余员,郡县学亦各置生员"[②]。

按:唐高祖初即帝位,便开始颁诏兴学,振兴儒学。

---

① 《旧唐书》,中华书局 1975 年版,第 4939 页。
② 《资治通鉴》,中华书局 1956 年版,第 5792 页。

2. 傅仁均修成《戊寅元历》

《新唐书·历志一》卷二十五:"高祖受禅,将治新历,东都道士傅仁均善推步之学,太史令庾俭、丞傅弈荐之。诏仁均与俭等参议,合受命岁名为《戊寅元历》。乃列其大要,所可考验者有七……高祖诏司历起二年用之,擢仁均员外散骑侍郎。"①

按:《戊寅元历》也存在诸多瑕疵,为封德彝等学者所诟病。"时傅仁均所撰《戊寅元历》,议者纷然,多有同异,李淳风又驳其短十有八条。高祖令善为考校二家得失,多有驳正。"②麟德二年,遂为李淳风所造《麟德历》所取代。

唐朝二百九十余年,历法数次更改。《新唐书·历志一》曰:"唐终始二百九十余年,而历八改。初曰《戊寅元历》,曰《麟德甲子元历》,曰《开元大衍历》,曰《宝应五纪历》,曰《建中正元历》,曰《元和观象历》,曰《长庆宣明历》,曰《景福崇玄历》而止矣。"③

3. 崔赜卒

崔赜(550—618),字祖浚,博陵安平人。七岁能属文,尝与诸儒定礼乐,授校书郎,寻转协律郎。宇文化及于江都发难之时,称疾不就,卒于彭城。尝受诏与诸儒撰《区宇图志》二百五十卷,奉诏作《东征记》。撰有《洽闻志》七卷,《八代四科志》三十卷,均毁于江都之难。

4. 虞世基卒

虞世基(?—618),生年不详,字茂世,余姚人,虞世南之兄。博学而善草隶,仕陈时任太子中舍人、尚书左丞。入隋,为通直郎、直内史省、内史舍人等职。宇文化及于江都兵变,虞世基与隋炀帝一同被杀。纂有《区

---

① 《新唐书》,中华书局 1975 年版,第 534 页。
② 《旧唐书》,中华书局 1975 年版,第 5088—5089 页。
③ 《新唐书》,中华书局 1975 年版,第 534 页。

宇图志》,有集五卷,已佚。《全隋文》卷一四录存其文三篇。

5. 庾自直卒

　　庾自直(? —618),生年、字号不详,颍川人,隋朝诗人、学者。仕陈历任豫章王府外兵参军、宣惠记室。入隋,任著作佐郎,于江都兵变之时发病而卒。尝奉诏纂有《长洲玉镜》,撰有《类文》三七七卷,已佚。

武德四年 公元 621 年

1. 令狐德棻奏请修梁、陈、北齐、北周、隋五代史

《唐会要》卷六十三曰："武德四年十一月,起居舍人令狐德棻尝从容言于高祖曰:近代已来,多无正史。梁陈及齐,犹有文籍,至于周隋,多有遗阙。当今耳目犹接,尚有可凭,如更十数年后,恐事迹湮没,无可纪录。"①

按:高祖于武德五年十二月方从德棻之请,诏修五代史,可参见武德五年高祖诏修五代史条。

2. 杨汪卒

杨汪(?—621),字元度,弘农华阴人。精研《春秋左氏传》,通《三礼》,受《汉书》于刘臻,遂以《汉书》之学名世。历任尚书司勋兵部二曹侍郎、秦州总管长史,迁尚书左丞,坐事免官,后拜国子祭酒。于隋末事王世充,世充败,以凶党而被诛。

3. 王福畤生

王福畤于《王氏家书杂录》中说:"贞观十六年,余二十一岁。"②据此可知,其当生于本年。

---

① 《唐会要》,中华书局 1955 年版,第 1090 页。
② 《全唐文》,中华书局 1983 年版,第 1646 页。

武德五年　公元 622 年

1. 唐高祖诏修五代史

《唐会要·史馆上·史馆移置》卷六十三:"五年十二月二十六日诏:'司典序言,史官纪事,考论得失,究尽变通,所以裁成义类,惩恶劝善。自有魏至乎陈隋,莫不自命正朔,绵历岁祀,各殊徽号,删定礼仪。然而简牍未编,纪传咸阙,炎凉已积,谣俗迁讹,余烈遗风,泯焉将坠。顾彼湮落,用深轸悼,有怀撰次,实资良直。中书令萧瑀、给事中王敬业、著作郎殷闻礼,可修魏史。侍中陈叔达、秘书丞令狐德棻、太史令庾俭,可修周史。中书令封德彝、中书舍人颜师古,可修隋史。大理卿崔善为、中书舍人孔绍安、太子洗马萧德言,可修梁史。太子詹事裴矩、吏部郎中祖孝孙、前秘书丞魏徵,可修齐史。秘书监窦琎、给事中欧阳询、秦王府文学姚思廉,可修陈史。'绵历数载。竟不就而罢。"①

按:据此可知,修史之事,实未尝实行,至贞观三年,此事才重新得以开展,可参见贞观三年条。

2. 欧阳询奉诏与陈叔达、裴矩等编修《艺文类聚》

《旧唐书·令狐德棻传》卷七十三:令狐德棻"武德元年,转起居舍人,甚见亲待。五年,迁秘书丞,与侍中陈叔达等受诏撰《艺文类聚》"②。

按:此书于武德七年撰成。

---

① 《唐会要》,中华书局 1955 年版,第 1090—1091 页。
② 《旧唐书.令狐德棻传》,中华书局 1975 年版,第 2596 页。

3. 孔绍安约是年或稍后卒

孔绍安(约577—约622),字号不详,越州山阴人,孔子三十三代孙,少与兄孔绍新俱以文词而闻名。陈亡入隋,徙居京兆,闭门读书,诵古文集数十万言,与词人孙万寿为忘年之好,时人称为"孙孔"。隋炀帝大业中为监察御史,入唐拜内史舍人,不就,奉诏修撰梁史,未就而卒。著有文集五十卷(一说三卷,又说五卷),已佚。《全唐诗》卷三八录存其诗七首。

按:孔绍安卒在高祖诏修五代史之后不久,故系于本年。

武德七年 公元624年

1. 高祖幸国子学,亲临释奠

《旧唐书·礼仪志四》卷二十四:武德七年二月,"丁酉,幸国子学,亲临释奠。引道士、沙门有学业者,与博士杂相驳难,久之乃罢"①。

《全唐文·高祖皇帝·赐学官胄子诏》卷三:"自古为政,莫不以学,则仁、义、礼、智、信五者俱备,故能为利博深。朕今欲敦本息末,崇尚儒宗,开后生之耳目,行先王之典训。而三教虽异,善归一揆,沙门事佛,灵宇相望;朝贤宗儒,辟雍顿废,王公以下,宁得不惭。朕今亲自观览,仍征集四方胄子,冀日就月将,并得成业,礼让既行,风教渐改。使期门介士,比屋可封;横经庠序,皆遵雅俗。诸王公子弟,并皆率先,自相劝励。"②

2. 欧阳询等编成《艺文类聚》一百卷

《旧唐书·儒学传上·欧阳询传》卷一百八十九上:"武德七年,诏与裴矩、陈叔达撰《艺文类聚》一百卷,奏之,赐帛二百段。"③

《唐会要·修撰》卷三十六:"武德七年九月十七日,给事中欧阳询奉敕撰《艺文类聚》成,上之。"④

---

① 《旧唐书》,中华书局1975年版,第916页。
② 《全唐文》,中华书局1983年版,第36页。
③ 《旧唐书》,中华书局1975年版,第4947页。
④ 《唐会要》,中华书局1955年版,第651页。

3. 薛收卒

薛收(592—624),字伯襃,蒲东汾阴人,受学于王通,善属文。隋司隶大夫道衡子,因道衡为炀帝所杀,故不仕隋。入唐历任秦府主簿,迁金部郎中以及天策府记室参军,封汾阴男,兼文学馆学士,卒谥"献"。有集十卷,已佚。《全唐文》卷一三三录存其文三篇,《唐文拾遗》卷十二录存其文一篇。

4. 徐文远卒于本年或稍后

徐文远(?—约624),名旷,以字行,洛州偃师人,唐初经学家。博览经史,长于《春秋左氏传》。开皇中,累迁太学博士,大业中,由许善心举荐徐文远与包恺、褚徽、陆德明、鲁达为学官,遂擢授国子博士。文远之《左氏》、褚徽之《礼》、鲁达之《诗》、陆德明之《易》,为一时之最。撰有《左传音》三卷、《左传义疏》六十卷,已佚。

按:《旧唐书》《新唐书》均未明载徐文远具体卒年,《旧唐书·儒学传上·徐文远传》卷一百八十九上曰:"年七十四,卒官。"①据此可知,徐文远卒于本年或稍后。

---

① 《旧唐书》,中华书局 1975 年版,第 4944 页。

武德八年　公元 625 年

1. 王孝通撰成《缉古算经》四卷

　　《全唐文·王孝通·上缉古算经表》卷一三四:"臣孝通言:臣闻九畴载叙,纪法著于彝伦;六艺成功,数术参于造化。夫为君上者,司牧黔首,布神道而设教,采能事而经纶,尽性穷源,莫重于算。……伏蒙圣朝收拾,用臣为太史丞,比年已来,奉敕校勘傅仁均历,凡驳正术错三十余道,即付太史施行。伏寻《九章·商功篇》有平地役功受袤之术,至于上宽下狭、前高后卑,正经之内,阙而不论,致使今代之人,不达深理,就平正之闲,同欹邪之用。斯乃圆孔方柄,如何可安?臣昼思夜想,临书浩叹,恐一旦瞑目,将来莫睹,遂于平地之余,续狭斜之法,凡二十术,名曰《缉古》。请访能算之人,考论得失,如有排其一字,臣欲谢以千金。轻用陈闻,伏深战悚。谨言。"①

　　按:后李淳风曾为《缉古算经》作注。

---

① 《全唐文》,中华书局 1983 年版,第 1348 页。

唐太宗贞观元年 公元 627 年

1. 太宗欲建礼作乐,偃武修文

《旧唐书·儒学传·萧德言传》卷一八九上载唐太宗言:"朕历观前代,详览儒林,至于颜、闵之才,不终其寿,游、夏之德,不逮其学。惟卿幼挺珪璋,早标美誉。下帷闭户,包括六经;映雪聚萤,牢笼百氏。自隋季版荡,庠序无闻,儒道坠泥涂,《诗》《书》填坑阱。眷言坟典,每用伤怀。顷年已来,天下无事,方欲建礼作乐,偃武修文。"①

按:太宗建礼作乐也体现在其对古礼精神的遵循上,他仿效文王故事,下诏不需对不连读的"世""民"二字避讳,事见《贞观政要·礼乐第二十九》卷七。这些举措代表了唐太宗治国理政方针从"武功"向"文治"的转向,儒学也迎来了隋末动荡之后的又一次复兴。

2. 太宗置弘文馆,精选天下文儒为弘文馆学士

《贞观政要·崇儒学第二十七》卷七曰:"太宗初践阼,即于正殿之左,置弘文馆,精选天下文儒,令以本官兼署学士,给以五品珍膳,更日宿直,以听朝之隙引入内殿,讨论坟典,商略政事,或至夜分乃罢。又诏勋贤三品以上子孙为弘文学生。"②

按:隋末板荡,太宗此举,意在以儒学之礼乐教化稳定朝政人心。

---

① 《旧唐书》,中华书局 1975 年版,第 4952—4953 页。
② 《贞观政要》,上海古籍出版社 1978 年版,第 215 页。

3. 太宗与侍臣论治国，欲以仁义诚信为治

《贞观政要·仁义第十三》卷五曰："贞观元年，太宗曰：'朕看古来帝王以仁义为治者，国祚延长，任法御人者，虽救弊于一时，败亡亦促。既见前王成事，足是元龟，今欲专以仁义诚信为治，望革近代之浇薄也。'黄门侍郎王珪对曰：'天下凋丧日久，陛下承其余弊，弘道移风，万代之福。但非贤不理，惟在得人。'太宗曰：'朕思贤之情，岂舍梦寐！'给事中杜正伦进曰：'世必有才，随时所用，岂待梦傅说，逢吕尚，然后为治乎？'太宗深纳其言。"①

4. 王凝勒成《王氏六经》七十五卷

王福畤《王氏家书杂录》曰："太原府君讳凝，字叔恬，文中子亚弟也。贞观初，君子道亨，我先君门人，布在廊庙，将播厥师训，施于王道，遂求其书于仲父。仲父以编写未就不之出，故六经之义，代莫得闻。……退而求之，得《中说》一百余纸，大抵杂记，不著篇目，首卷及序，则蠹绝磨灭，未能诠次。会仲父出为胡苏令，叹曰：'文中子之教，不可不宣也，日月逝矣，岁不我与。'乃解印而归，大考六经之目，而缮录焉。《礼论》《乐论》，各亡其五篇，《续诗》《续书》，各亡《小序》，惟《元经》《赞易》具存焉，得六百六十五篇，勒成七十五卷，分为六部，号曰'王氏六经'。仲父谓诸子曰：'大哉兄之述也，以言乎皇纲帝道，则大明矣，以言乎天地之间，则无不至焉。自春秋以来，未有若斯之述也。'又谓门人曰：'不可使文中之后不达于兹也。'乃召诸子而授焉。"②

5. 裴矩卒

裴矩（约547—627），字弘大，原名世矩，因避唐太宗讳而去世字，河东闻喜人。隋炀帝时任尚书左丞、吏部侍郎、黄门侍郎、右光禄大夫等职，入唐累迁民部尚书，卒于官。尝撰有《西域图记》三卷、《开业平陈记》十二卷、《邺

---

① 《贞观政要》，上海古籍出版社1978年版，第149页。
② 《全唐文》，中华书局1983年版，第1646页。

都故事》十卷、《高丽风俗》一卷,与虞世南等合撰《大唐书仪》十卷,皆佚。

6. 温大雅约是年或稍后卒

温大雅(? —约 627),生年、字号不详,名彦宏(一作彦弘),字大雅,以字行,太原祁人,唐初史学家。自幼饱读经史,学识渊博,善属文。仕隋为东宫学士、长安县尉,入唐任工部侍郎、礼部尚书等职,封黎国公,卒谥"孝"。撰有《大唐创业起居注》三卷,另著有《今上王业记》六卷、《大丞相唐王官属记》二卷,已佚。《全唐文》卷一三二录存其文一篇。

7. 陆德明是年或稍后卒

陆德明(约 550—约 627),名元朗,字德明,以字行,苏州吴人,隋唐间儒家学者、经学家。陈宣帝时,应召于承光殿讲学,任国子助教。陈亡,归隐乡里。"贞观初,拜国子博士,封吴县男。寻卒。"①撰有名作《经典释文》,唐太宗读过此书,十分赞赏,遂使其广为流传。另有《易疏》二十卷、《老子疏》十五卷、《周易文句义疏》二十卷、《周易文外大义》二卷、《庄子文句义》二十卷。今存《经典释文》和《春秋公羊传》。

　　按:据《旧唐书》本传,陆德明于贞观初拜国子博士后不久故去,故其卒于本年或稍后。

8. 太宗出后宫及掖庭前后宫女三千余人

《贞观政要·仁恻第二十》卷六曰:"贞观初,太宗谓侍臣曰:'妇人幽闭深宫,情实可愍。隋氏末年,求采无已,至于离宫别馆,非幸御之所,多聚宫人。此皆竭人财力,朕所不取。且洒扫之余,更何所用? 今将出之,任求伉俪,非独以省费,兼以息人,亦各得遂其情性。'于是后宫及掖庭前后所出三千余人。"②

---

①　《旧唐书》,中华书局 1975 年版,第 4945 页。
②　《贞观政要》,上海古籍出版社 1978 年版,第 193 页。

贞观二年 公元 628 年

1. 太宗推崇尧、舜、周、孔之道

《资治通鉴·唐纪八》卷一百九十二：太宗曰："梁武帝君臣惟谈苦空，侯景之乱，百官不能乘马。元帝为周师所围，犹讲《老子》，百官戎服以听。此深足为戒。朕所好者，唯尧、舜、周、孔之道，以为如鸟有翼，如鱼有水，失之则死，不可暂无耳。"①

2. 诏停周公为先圣，立孔子庙于国学

《唐会要·学校》卷三十五："贞观二年十二月，尚书左仆射房玄龄、国子博士朱子奢建议云：武德中，诏释奠于太学，以周公为先圣，孔子配享。臣以周公尼父，俱称圣人，庠序置奠，本缘夫子。故晋宋梁陈及隋大业故事，皆以孔子为先圣，颜回为先师。历代所行，古人通允。伏请停祭周公，升夫子为先圣，以颜回配享。诏从之。"②

《贞观政要·崇儒学第二十七》卷七："贞观二年，诏停周公为先圣，始立孔子庙堂于国学，稽式旧典，以仲尼为先圣，颜子为先师，两边俎豆干戚之容，始备于兹矣。是岁大收天下儒士，赐帛给传，令诣京师，擢以不次，布在廊庙者甚众。学生通一大经已上，咸得署吏。国学增筑学舍四百余间，国子、太学、四门、广文亦增置生员，其书、算各置博士、学生，以备众艺。太宗又数幸国学，令祭酒、司业、博士讲论，毕，各赐以束帛。四方儒

---

① 《资治通鉴》，中华书局 1956 年版，第 6054 页。
② 《唐会要》，中华书局 1955 年版，第 635—636 页。

生负书而至者,盖以千数。俄而吐蕃及高昌、高丽、新罗等诸夷酋长,亦遣子弟请入于学。于是国学之内,鼓箧升讲筵者,几至万人,儒学之兴,古昔未有也。"①

按:先秦,孔门弟子皆尊孔子为圣;汉代以降,儒门内有"先圣"和"先师"之别。古文经学家以周公为先圣,孔子为先师。武德七年,唐高祖诏令以周公为先圣,孔子配祀(可参见武德七年周公为先圣条)。唐太宗从房玄龄、朱子奢建言,停祭周公,升孔子为先圣,以颜回配享。唐高宗显庆二年,周公、孔子先圣之争又起(参见显庆二年周公为先圣条)。

3. 太宗以为任用人才必以德行、学识为本

《贞观政要·崇儒学第二十七》卷七曰:"贞观二年,太宗谓侍臣曰:'为政之要,惟在得人,用非其才,必难致治。今所任用,必须以德行、学识为本。'谏议大夫王珪曰:'人臣若无学业,不能识前言往行,岂堪大任。汉昭帝时,有人诈称卫太子,聚观者数万人,众皆致惑。隽不疑断以蒯聩之事。昭帝曰:"公卿大臣,当用经术明于古义者,此则固非刀笔俗吏所可比拟。"'上曰:'信如卿言。'"②

4. 太宗以佛老为戒,其所好者,
惟在尧、舜之道,周、孔之教

《贞观政要·慎所好第二十一》卷六:贞观二年,太宗谓侍臣曰:"下之所行,皆从上之所好。至如梁武帝父子志尚浮华,惟好释氏、老氏之教……未尝以军国典章为意。及侯景率兵向阙,尚书郎已下,多不解乘马,狼狈步走,死者相继于道路。武帝及简文卒被侯景幽逼而死。孝元帝在于江陵,为万纽于谨所围,帝犹讲《老子》不辍,百寮皆戎服以听,俄而城陷,君臣俱被囚挚。……此事亦足为鉴戒。朕今所好者,惟在尧、舜之道,周、孔之教,以为如鸟有翼,如鱼依水,失之必死,不可暂无耳。"③

---

① 《贞观政要》,上海古籍出版社1978年版,第215—216页。
② 《贞观政要》,上海古籍出版社1978年版,第219—220页。
③ 《贞观政要》,上海古籍出版社1978年版,第195页。

贞观二年，太宗谓侍臣曰："神仙事本是虚妄，空有其名。秦始皇非分爱好，为方士所诈，乃遣童男童女数千人，随其入海求神仙。方士避秦苛虐，因留不归，始皇犹海侧踟蹰以待之，还至沙丘而死。汉武帝为求神仙，乃将女嫁道术之人，事既无验，便行诛戮。据此二事，神仙不烦妄求也。"①

5. 关中旱，有鬻男女者，太宗为其出金宝赎之

《贞观政要·仁恻第二十》卷六曰："贞观二年，关中旱，大饥。太宗谓侍臣曰：'水旱不调，皆为人君失德。朕德之不修，天当责朕，百姓何罪，而多遭困穷！闻有鬻男女者，朕甚愍焉。'乃遣御史大夫杜淹巡检，出御府金宝赎之，还其父母。"②

---

① 《贞观政要》，上海古籍出版社1978年版，第196页。
② 《贞观政要》，上海古籍出版社1978年版，第193页。

贞观三年　公元 629 年

1. 太宗复敕修五代史

《旧唐书·令狐德棻传》卷七十三曰："贞观三年,太宗复敕修撰,乃令德棻与秘书郎岑文本修周史,中书舍人李百药修齐史,著作郎姚思廉修梁、陈史,秘书监魏徵修隋史,与尚书左仆射房玄龄总监诸代史。众议以魏史既有魏收、魏澹二家,已为详备,遂不复修。德棻又奏引殿中侍御史崔仁师佐修周史,德棻仍总知类会梁、陈、齐、隋诸史。"①

按:武德中,高祖尝从德棻请而诏修五代史,然修史之事,实未尝实行。本年,太宗复敕修五代史,至贞观十年,诸史皆修成。

2. 唐太宗与孔颖达论为君之道

事载《旧唐书》卷七十三《孔颖达传》。

---

① 《旧唐书》,中华书局 1975 年版,第 2598 页。

贞观四年　公元 630 年

1. 诏令州县皆立孔庙

贞观二年，太宗诏以孔子为先圣，于国学立孔庙（参见贞观二年以孔子为先圣条）。至于本年，复令地方官学皆立孔庙。

2. 诏颜师古考定《五经》

《旧唐书·儒林传》卷一百八十九上曰："太宗又以经籍去圣久远，文字多讹谬，诏前中书侍郎颜师古考定《五经》，颁于天下，命学者习焉。又以儒学多门，章句繁杂，诏国子祭酒孔颖达与诸儒撰定五经义疏，凡一百七十卷，名曰《五经正义》，令天下传习。"[①]

按：颜师古此次考定五经，至贞观七年才完成（参见《纪事卷》之《五经正义》条）。

3. 唐太宗与房玄龄等论为君之道

事载《资治通鉴》卷一百九十三《唐纪九》。

4. 卢照邻生

卢照邻生年，史无明载。傅璇琮《卢照邻杨炯简谱》、骆祥发《初唐四

---

① 《旧唐书》，中华书局 1975 年版，第 4941 页。

杰研究》认为其生于本年，祝尚书《卢照龄集笺注》谓贞观六年前后，任国绪《卢照龄诗文系年及生平行迹》、张志烈《初唐四杰年谱》谓生于贞观八年。今从傅璇琮之见。

贞观五年　公元 631 年

1. 魏徵等奉敕纂《群书治要》五十卷成

《唐会要·修撰》卷三十六曰："贞观五年九月二十七日，秘书监魏徵，撰《群书政要》，上之。"①

按：太宗欲知前代帝王事得失以为鉴戒，诏令魏徵、虞世南、褚亮、萧德言等人辑录前人著述作谏书。魏徵等人博采经、史、子典籍六十五种，浓缩成五十卷的珍本。《群书治要》"上始五帝，下尽晋年"②，以"务乎政术，存乎劝戒"为宗旨，呕心沥血数年，于贞观五年编成。该书《宋史·艺文志》未著录，说明当时在中国已经失传。今国内通行本乃是据唐朝时传入日本的版本影印整理，不过日本所存版本也非完本，其中卷第四、十三、二十已佚。《全唐文》卷一四一录有魏徵《群书治要序》一文。

2. 太宗与侍臣议论，禁断僧尼道士坐受父母之拜，仍令致拜于父母

《贞观政要·礼乐第二十九》卷七曰："贞观五年，太宗谓侍臣曰：'佛道设教，本行善事，岂遣僧尼道士等妄自尊崇，坐受父母之拜，损害风俗，悖乱礼经，宜即禁断，仍令致拜于父母。'"③

---

① 《唐会要》，中华书局 1955 年版，第 651 页。
② 《唐会要》，中华书局 1955 年版，第 651 页。
③ 《贞观政要》，上海古籍出版社 1978 年版，第 226 页。

3. 太宗因农时,将太子行冠礼从二月改为十月

《贞观政要·务农第三十》卷八曰:"贞观五年,有司上书言:'皇太子将行冠礼,宜用二月为吉,请追兵以备仪注。'太宗曰:'今东作方兴,恐妨农事,令改用十月。'太子少保萧瑀奏言:'准阴阳家,用二月为胜。'太宗曰:'阴阳拘忌,朕所不行,若动静必依阴阳,不顾理义,欲求福祐,其可得乎? 若所行皆遵正道,自然常与吉会。且吉凶在人,岂假阴阳拘忌?农时甚要,不可暂失。'"①

4. 太宗因悔斩杀张蕴古,遂制五覆奏

《贞观政要·刑法第三十一》卷八:"贞观五年,张蕴古为大理丞。相州人李好德素有风疾,言涉妖妄,诏令鞠其狱。蕴古言:'好德癫病有征,法不当坐。'太宗许将宽宥,蕴古密报其旨,仍引与博戏。持书侍御史权万纪劾奏之,太宗大怒,令斩于东市。既而悔之,谓房玄龄曰:'公等食人之禄,须忧人之忧,事无巨细,咸当留意。今不问则不言,见事都不谏诤,何所辅弼? 如蕴古身为法官,与囚博戏,漏泄朕言,此亦罪状甚重,若据常律,未至极刑。朕当时盛怒,即令处置,公等竟无一言,所司又不覆奏,遂即决之,岂是道理。'因诏曰:'凡有死刑,虽令即决,皆须五覆奏。'五覆奏,自蕴古始也。又曰:'守文定罪,或恐有冤。自今以后,门下省覆,有据法令合死而情可矜者,宜录奏闻。'"②

---

① 《贞观政要》,上海古籍出版社 1978 年版,第 238 页。
② 《贞观政要》,上海古籍出版社 1978 年版,第 240 页。

贞观六年 公元632年

1. 太宗诏录《乡饮酒礼》一卷，颁行天下

《唐会要·乡饮酒》卷二十六曰："贞观六年诏曰：比年丰稔，闾里无事，乃有惰业之人，不顾家产，朋游无度，酣宴是耽，危身败德，咸由于此。每览法司所奏，因此致罪，实繁有徒。静言思之，良增轸叹。自匪澄源正本，何以革兹俗弊？当纳之轨物，询诸旧章，可先录《乡饮酒礼》一卷，颁行天下。每年，令州县长官，亲率长幼，齿别有序，递相劝勉，依礼行之，庶乎时识廉耻，人知敬让。"[①]

2. 高士廉奉诏始撰《氏族志》

《旧唐书·高士廉传》卷六十五曰："是时，朝议以山东人士好自矜夸，虽复累叶陵迟，犹恃其旧地，女适他族，必多求聘财。太宗恶之，以为甚伤教义，乃诏士廉与御史大夫韦挺、中书侍郎岑文本、礼部侍郎令狐德棻等刊正姓氏。于是普责天下谱谍，仍凭据史传考其真伪，忠贤者褒进，悖逆者贬黜，撰为《氏族志》。士廉乃类其等第以进。"[②]是书于贞观十二年正月撰成。

按：山东崔、卢家世代衰微，太宗诏修《氏族志》，意在打击前朝旧贵族。太宗以为："贩鬻婚姻，是无礼也；依托富贵，是无耻也。我不解人间何为重之。我今定氏族者，欲崇我唐朝人物冠冕，垂之不朽。"[③]

---

① 《唐会要》，中华书局1955年版，第498页。
② 《旧唐书》，中华书局1975年版，第2443页。
③ 《唐会要》，中华书局1955年版，第664页。

3. 太宗下令诸州所有祥瑞,不用申奏

《贞观政要·灾祥第三十九》卷十曰:"贞观六年,太宗谓侍臣曰:'朕比见众议以祥瑞为美事,频有表贺庆。如朕本心,但使天下太平,家给人足,虽无祥瑞,亦可比德于尧、舜。若百姓不足,夷狄内侵,纵有芝草遍街衢,凤凰巢苑囿,亦何异于桀、纣?尝闻石勒时,有郡吏燃连理木,煮白雉肉吃,岂得称为明主耶?又隋文帝深爱祥瑞,遣秘书监王劭著衣冠,在朝堂对考使焚香,读《皇隋感瑞经》。旧尝见传说此事,实以为可笑。夫为人君,当须至公理天下,以得万姓之欢心。若尧、舜在上,百姓敬之如天地,爱之如父母,动作兴事,人皆乐之;发号施令,人皆悦之;此是大祥瑞也。自此后诸州所有祥瑞,并不用申奏。'"①

按:高祖兴兵反隋,大造祥瑞。太宗即位不久即颁布《禁奏祥瑞诏》,励精图治,并不在意虚无缥缈的祥瑞之事,而是以政平人和为大祥瑞。

---

① 《贞观政要》,上海古籍出版社 1978 年版,第 287—288 页。

贞观七年　公元 633 年

1. 太宗与魏徵等论自古治国理政之得失

事载《贞观政要》卷一《政体第二》。魏徵主张行王道,群臣反对。"太宗每力行不倦,数年间,海内康宁,突阙破灭,因谓群臣曰:'贞观初,人皆异论,云当今必不可行帝道、王道,惟魏徵劝我。既从其言,不过数载,遂得华夏安宁,远戎宾服。突厥自古以来,常为中国勍敌,今酋长并带刀宿卫,部落皆袭衣冠。使我遂至于此,皆魏徵之力也。'顾谓徵曰:'玉虽有美质,在于石间,不值良工琢磨,与瓦砾不别。若遇良工,即为万代之宝。朕虽无美质,为公所切磋,劳公约朕以仁义,弘朕以道德,使朕功业至此,公亦足为良工尔。'"①

2. 颜师古奉敕考定《五经》,颁行天下

《旧唐书·颜师古传》卷七十三载:"太宗以经籍去圣久远,文字讹谬,令师古于秘书省考定《五经》,师古多所厘正,既成,奏之。太宗复遣诸儒重加详议,于时诸儒传习已久,皆共非之。师古辄引晋、宋已来古今本,随言晓答,援据详明,皆出其意表,诸儒莫不叹服。于是兼通直郎、散骑常侍,颁其所定之书于天下,令学者习焉。"②

按:颜师古考定《五经》文字为初唐儒家典籍整理以及经学统一之始(参见《纪事卷》之《五经正义》条)。

---

① 《贞观政要》,上海古籍出版社 1978 年版,第 17—19 页。
② 《旧唐书》,中华书局 1975 年版,第 2594 页。

贞观九年　公元 635 年

1. 太宗敕令明经兼习《周礼》

《册府元龟·贡举部·条制一》曰："九年五月二十日敕：自今已后，明经兼习《周礼》，若《仪礼》者，于本色内量减一选。"[1]

2. 太宗与侍臣论治国之道，以为君能清净，百姓可得安乐

《贞观政要·政体第二》卷一载："贞观九年，太宗谓侍臣曰：'往昔初平京师，宫中美女珍玩，无院不满。炀帝意犹不足，征求无已，兼东西征讨，穷兵黩武，百姓不堪，遂致亡灭。此皆朕所目见。故夙夜孜孜，惟欲清净，使天下无事。遂得徭役不兴，年谷丰稔，百姓安乐。夫治国犹如栽树，本根不摇，则枝叶茂荣。君能清净，百姓何得不安乐乎？'"[2]

---

[1] 《册府元龟》，中华书局 1960 年版，第 7669 页。
[2] 《贞观政要》，上海古籍出版社 1978 年版，第 22 页。

贞观十年　公元 636 年

1. 房玄龄、魏徵、姚思廉等撰成
《周》《隋》《梁》《陈》《齐书》五史，正月进上

《唐会要·史馆上·修前代史》卷六十三："贞观十年正月二十日，尚书左仆射房玄龄、侍中魏徵、散骑常侍姚思廉、太子右庶子李百药、孔颖达、礼部侍郎令狐德棻、中书侍郎岑文本、中书舍人许敬宗等，撰成周隋梁陈齐五代史，上之。进阶颁赐有差。"[①]

《旧唐书·魏徵传》卷七十一介绍了参修者具体分工："初，有诏遣令狐德棻、岑文本撰《周史》，孔颖达、许敬宗撰《隋史》，姚思廉撰《梁》《陈史》，李百药撰《齐史》。徵受诏总加撰定，多所损益，务在简正。《隋史》序论，皆徵所作，《梁》《陈》《齐》各为总论，时称良史。"[②]

按：五代史之修撰，起于武德五年，历数年而未成。贞观三年，太宗复诏修之，至本年修成。（可参见本卷武德五年、贞观三年五代史条）

2. 刘孝孙约是年纂成《古今类序诗苑》四十卷

《旧唐书·刘孝孙传》卷七十二载："贞观六年，迁著作佐郎、吴王友。尝采历代文集，为王撰《古今类序诗苑》四十卷。"[③]又《旧唐书·霍王元轨传》卷六十四载："武德六年，封蜀王。八年，徙封吴王。……（贞观）十年，

---

①　《唐会要》，中华书局 1955 年版，第 1091 页。

②　《旧唐书》，中华书局 1975 年版，第 2549—2550 页。

③　《旧唐书》，中华书局 1975 年版，第 2583 页。

改封霍王。"①据此,《古今类序诗苑》始编于贞观六年,编成当在贞观十年春以前,此集是采历代别集而成。

3. 魏徵上疏论君德,以为君之所保,惟在于诚信,太宗善之

事载《贞观政要》卷五《诚信第十七》。

---

① 《旧唐书》,中华书局 1975 年版,第 2429—2430 页。

贞观十一年　公元 637 年

1. 太宗诏改太学奠释礼

武德旧制,释奠于太学,以周公为先圣,孔子配飨。贞观二年,太宗从房玄龄奏,以孔子为先圣,颜回配飨。至此,正式改太学奠释礼。

2.《大唐仪礼》修成,太宗诏颁行天下

《旧唐书·礼仪志一》卷二十一载:"神尧受禅,未遑制作,郊庙宴享,悉用隋代旧仪。太宗皇帝践祚之初,悉兴文教,乃诏中书令房玄龄、秘书监魏徵等礼官学士,修改旧礼,定著《吉礼》六十一篇、《宾礼》四篇、《军礼》二十篇、《嘉礼》四十二篇、《凶礼》六篇、《国恤》五篇,总一百三十八篇,分为一百卷。"[1]

按:《大唐仪礼》一百卷,又有一百三十卷之说。

3. 唐太宗诏修老君庙于亳州,宣尼庙于兖州

《旧唐书·太宗纪下》卷三,七月"丙午,修老君庙于亳州,宣尼庙于兖州,各给二十户享祀"[2]。

---

[1] 《旧唐书》,中华书局 1975 年版,第 816—817 页。
[2] 《旧唐书》,中华书局 1975 年版,第 48 页。

4. 孔颖达奉太子承乾令撰《孝经义疏》

《旧唐书·颜师古传》卷七十三：贞观十一年，"庶人承乾令撰《孝经义疏》，颖达因文见意，更广规讽之道，学者称之"[①]。

5. 颜师古奉诏撰成《贞观礼》

《旧唐书·颜师古传》卷七十三曰："俄又奉诏与博士等撰定《五礼》，十一年，《礼》成，进爵为子。时承乾在东宫，命师古注班固《汉书》，解释详明，深为学者所重。承乾表上之，太宗令编之秘阁，赐师古物二百段、良马一匹。"[②]

6. 邓隆表请编次太宗文章为集，太宗以人主惟在德行，不许

《贞观政要·文史第二十八》卷七曰："贞观十一年，著作佐郎邓隆表请编次太宗文章为集。太宗谓曰：'朕若制事出令，有益于人者，史则书之，足为不朽。若事不师古，乱政害物，虽有词藻，终贻后代笑，非所须也。只如梁武帝父子及陈后主、隋炀帝，亦大有文集，而所为多不法，宗社皆须臾倾覆。凡人主惟在德行，何必要事文章耶？'竟不许。"[③]

7. 姚思廉卒

姚思廉（557—637），名简，字思廉，京兆万年人，唐朝初期史学家。其父姚察，曾著陈、梁二史，未成。他自幼习史，曾任隋代王杨侑侍读。唐李渊称帝后，为李世民秦王府文学馆学士。自玄武门之变，进任太子洗马，贞观初年，又任著作郎，为唐初"十八学士"之一，官至散骑常侍。受命与

---

① 《旧唐书》，中华书局1975年版，第2602页。
② 《旧唐书》，中华书局1975年版，第2595页。
③ 《贞观政要》，上海古籍出版社1978年版，第222页。

魏徵同修梁、陈二史,姚思廉在撰史工作中,充分利用其父已完成的史著旧稿。贞观十年(636),成《梁书》五十卷、《陈书》三十卷,为二十四史之一。又著有《文思博要》,已失传。姚察姚思廉父子于史文撰著方面,文字简洁朴素,力戒辞藻浮华,继承了司马迁及班固的文风与笔法,在南朝诸史中是难能可贵的。

贞观十二年　公元 638 年

1. 高士廉等撰成《氏族志》一百卷,上之

《唐会要·氏族》卷三十六曰:"贞观十二年正月十五日,修《氏族志》一百卷成,上之。"①

又《贞观政要·礼乐第二十九》卷七:"贞观六年……诏吏部尚书高士廉、御史大夫韦挺、中书侍郎岑文本、礼部侍郎令狐德棻等,刊正姓氏,普责天下谱牒,兼据凭史、传,剪其浮华,定其真伪,忠贤者褒进,悖逆者贬黜,撰为《氏族志》。士廉等及进定氏族等第,遂以崔幹为第一等。太宗谓曰:'……我今定氏族者,诚欲崇树今朝冠冕,何因崔幹犹为第一等,只看卿等不贵我官爵耶!不论数代已前,只取今日官品、人才作等级,宜一量定,用为永则。'遂以崔幹为第三等。至十二年书成,凡百卷,颁天下。"②

按:是书始撰于贞观六年(参见贞观六年《氏族志》条)。

2. 太宗令就京城闲坊,为诸州考使各造邸第

《贞观政要·礼乐第二十九》卷七曰:"贞观十二年,太宗谓侍臣曰:'古者诸侯入朝,有汤沐之邑,刍禾百车,待以客礼。昼坐正殿,夜设庭燎,思与相见,问其劳苦。又汉家京成亦为诸郡立邸舍。顷闻考使至京者,皆赁房以坐,与商人杂居,才得容身而已。既待礼之不足,必是人多怨叹,岂肯竭情于共理哉!'乃令就京城闲坊,为诸州考使各

---

① 《唐会要》,中华书局 1955 年版,第 664 页。
② 《贞观政要》,上海古籍出版社 1978 年版,第 226—227 页。

造邸第。及成,太宗亲幸观焉。"①

3.孔颖达等于本年始撰《五经正义》

《唐会要·论经义》卷七十七曰:"贞观十二年,国子祭酒孔颖达,撰《五经义疏》一百七十卷,名曰《义赞》,有诏改为《五经正义》。"②

按:《唐会要》此条记载为有关《五经正义》撰写的最早时间,应为起始之年。《五经正义》于贞观十四年初步完成,至于最终定本,则完成于高宗永徽四年。

4.魏徵约是年或稍后编《类礼》二十卷

《旧唐书·魏徵传》卷七十一曰:"徵以戴圣《礼记》编次不伦,遂为《类礼》二十卷,以类相从,削其重复,采先儒训注,择善从之,研精覃思,数年而毕。太宗览而善之,赐物一千段,录数本以赐太子及诸王,仍藏之秘府。"③

5.虞世南卒

虞世南(558—638),字伯施,越州余姚人,初唐著名书法家、文学家、诗人、政治家。善书法,与欧阳询、褚遂良、薛稷合称"初唐四大家"。隋炀帝时官起居舍人,唐时历任秘书监、弘文馆学士等。虞世南编纂的《北堂书钞》一百七十三卷为唐代四大类书之一,是中国现存最早的类书之一。另著有《帝王略论》五卷,今存残卷。与裴矩合撰《大唐书仪》十卷,又有集三十卷,皆散佚。其他著作还有《群书理要》五十卷、《兔园集》十卷等,另有诗文集十卷行于世,今人辑有《虞世南全集》。传世墨迹有碑刻《孔子庙堂碑》《破邪论》,旧摹墨迹本《汝南公主墓志铭》等,书法理论著作有《笔髓论》《书旨述》。《全唐文》卷一百三十八录存其文十八篇,《全唐诗》卷三十

---

① 《贞观政要》,上海古籍出版社1978年版,第228页。
② 《唐会要》,中华书局1955年版,第1405页。
③ 《旧唐书》,中华书局1975年版,第2559页。

六编其诗为一卷。

按:唐太宗曾称赞虞世南兼有五绝:"一曰德行,二曰忠直,三曰博学,四曰文辞,五曰书翰。"①

① 《旧唐书》,中华书局 1975 年版,第 2570 页。

贞观十三年 公元 639 年

1. 置崇贤馆

《新唐书·百官志四上·崇文馆》卷四十九上："贞观十三年置崇贤馆。显庆元年，置学生二十人。上元二年，避太子名，改曰崇文馆。有学士、直学士及雠校，皆无常员，无其人则庶子领馆事。开元七年，改雠校曰校书郎。乾元初，以宰相为学士，总馆事。贞元八年，隶左春坊。有馆生十五人，书直一人，令史二人，书令史二人，典书二人，拓书手二人，楷书手十人，熟纸匠一人，装潢匠二人，笔匠一人。"①

2. 傅奕卒

傅奕（555—639），字号不详，唐相州邺人，唐初学者、历算学家，精于天文历数与老庄之学，初唐著名反佛学者。任太史令，曾上表辟佛，斥其为"妖妄之教"。著有《注老子》两卷及《老子音义》，又集魏晋以来驳佛教者为《高识传》十卷，行于世，今不存。《全唐文》收录其文三篇。

按：傅奕是唐代第一个反佛学者，他以为佛教源于外夷，祸害国政，败坏纲常伦理。傅奕之后，有李德裕站在国民经济立场上反对崇佛，而从理论上辟佛，建立一套儒家理论体系来与佛教对抗的则为韩愈和李翱。

---

① 《新唐书·百官志四上》，中华书局 1975 年版，第 1294 页。

3. 太宗欲观起居注,褚遂良辞之

《贞观政要·文史第二十八》卷七曰:"贞观十三年,褚遂良为谏议大夫,兼知起居注。太宗问曰:'卿比知起居,书何等事? 大抵于人君得观见否? 朕欲见此注记者,将却观所为得失以自警戒耳!'遂良曰:'今之起居,古之左、右史,以记人君言行,善恶毕书,庶几人主不为非法,不闻帝王躬自观史。'太宗曰:'朕有不善,卿必记耶?'遂良曰:'臣闻守道不如守官,臣职当载笔,何不书之。'黄门侍郎刘洎进曰:'人君有过失,如日月之蚀,人皆见之。设令遂良不记,天下之人皆记之矣。'"①

按:以隋亡为鉴,唐太宗始终关注自己的政治得失,他"以史为镜",对史书修撰极其重视,且有意塑造自己良好的政治形象。虽然初唐官修六部正史证明了太宗对史学的重视,但事实表明,太宗更为关注的却是大唐国史,因为其中有史臣对其政治形象的记述和善恶评价。太宗向褚遂良索观起居注正是出于这样的心理。刘洎之言,颇有以史学为天下之公器的意味,因此,太宗不得不打消索观起居注的念头。

4. 太宗准王珪之奏,三品以上,遇亲王于路,不需下马

《贞观政要·礼乐第二十九》卷七曰:"贞观十三年,礼部尚书王珪奏言:'准令三品以上,遇亲王于路,不合下马,今皆违法申敬,有乖朝典。'太宗曰:'卿辈欲自崇贵,卑我儿子耶!'魏徵对曰:'汉、魏已来,亲王班皆次三公下。今三品并天子六尚书九卿,为王下马,王所不宜当也。求诸故事,则无可凭,行之于今,又乖国宪,理诚不可。'帝曰:'国家立太子者,拟以为君。人之修短,不在老幼。设无太子,则母弟次立。以此而言,安得轻我子耶!'徵又曰:'殷人尚质,有兄终弟及之义。自周已降,立嫡必长,所以绝庶孽之窥窬,塞祸乱之源本。为国家者,所宜深慎。'太宗遂可王珪之奏。"②

贞观十四年　公元 640 年

1. 唐太宗幸国子监,观释奠,命祭酒孔颖达讲《孝经》

《资治通鉴·唐纪十一》卷一百九十五:"二月,丁丑,上幸国子监,观释奠,命祭酒孔颖达讲《孝经》,赐祭酒以下至诸生高第帛有差。是时上大征天下名儒为学官,数幸国子监,使之讲论,学生能明一大经已上皆得补官。增筑学舍千二百间,增学生满二千二百六十员,自屯营飞骑,亦给博士,使授以经,有能通经者,听得贡举。于是四方学者云集京师,乃至高丽、百济、新罗、高昌、吐蕃诸酋长亦遣子弟请入国学,升讲筵者至八千余人。"①

2. 诏访前代名儒子孙,加以引擢

《贞观政要·崇儒学第二十七》卷七:"贞观十四年诏曰:'梁皇侃、褚仲都,周熊安生、沈重,陈沈文阿、周弘正、张讥,隋何妥、刘炫,并前代名儒,经术可纪,加以所在学徒,多行其讲疏,宜加优赏,以劝后生,可访其子孙见在者,录姓名奏闻。'"②

按:太宗征天下名儒为学官,幸国子监,讲论经义以及擢用前代名儒子孙,皆昭显其尊崇儒道之心。

---

① 《资治通鉴》,中华书局 1956 年版,第 6152—6153 页。
② 《贞观政要》,上海古籍出版社 1978 年版,第 216—217 页。

3.孔颖达与诸儒撰定《五经正义》疏文

《资治通鉴·唐纪十一》卷一百九十五载:贞观十四年,"上以师说多门,章句繁杂,命孔颖达与诸儒撰定《五经》疏,谓之《正义》,令学者习之"①。

按:据此可知,《五经正义》疏文当于本年撰成。

4.太宗欲观国史,房玄龄等遂删略国史为编年体,表上之

《贞观政要·文史第二十八》卷七曰:"贞观十四年,太宗谓房玄龄曰:'朕每观前代史书,彰善瘅恶,足为将来规诫。不知自古当代国史,何因不令帝王亲见之?'对曰:'国史既善恶必书,庶几人主不为非法。止应畏有忤旨,故不得见也。'太宗曰:'朕意殊不同古人。今欲自看国史者,盖有善事,固不须论;若有不善,亦欲以为鉴诫,使得自修改耳。卿可撰录进来。'玄龄等遂删略国史为编年体,撰高祖、太宗实录各二十卷,表上之。太宗见六月四日事,语多微文,乃谓玄龄曰:'昔周公诛管、蔡而周室安,季友鸩叔牙而鲁国宁,朕之所为,义同此类,盖所以安社稷,利万民耳。史官执笔,何烦有隐?宜即改削浮词,直书其事。'侍中魏徵奏曰:'臣闻人主位居尊极,无所忌惮。惟有国史,用为惩恶劝善,书不以实,后嗣何观?陛下今遣史官正其辞,雅合至公之道。'"②

按:贞观十三年,太宗欲观起居注,终因史官犯颜直谏,没有成功,他便改变策略,索观国史。司空房玄龄、给事中许敬宗、著作佐郎敬播等只好草草从命,删略国史为编年体,撰高祖、太宗《实录》各二十卷,《高祖实录》"起创业,尽武德九年",《太宗实录》止贞观十四年,于贞观十七年七月十六日呈上。太宗命史官改削玄武门事。然而,"玄武门"政变震动朝野,在是非曲直与君主意志之间作出抉择实在难为。太宗此举,是以君主个人私意干扰了传统史学秉笔直书的风格。后世王船山《读通鉴论》评曰:

---

① 《资治通鉴》,中华书局 1956 年版,第 6152—6153 页。
② 《贞观政要》,上海古籍出版社 1978 年版,第 223—224 页。

"太宗命直书其事,无畏于天、无惮于人而不掩,乃以自信其大恶之可以昭示万世而无惭,顾且曰'周公诛管、蔡以安周,季友鸩叔牙以存鲁',谁欺乎?……天下后世勿得援以自文其恶,观过而知仁,公之所以无惭于夙夜也。若夫过之不可掩,而君子谓其如日月之食者,则惟以听天下后世之公论,而固非己自快言之以奖天下于戕恩。"①

5. 太宗命礼官商定嫂叔之服制,从魏徵之词

《贞观政要·礼乐第二十九》卷七曰:"贞观十四年,太宗谓礼官曰:同爨尚有缌麻之恩,而嫂叔无服;又舅之与姨,亲疏相似,而服之有殊,未为得礼,宜集学者详议。余有亲重而服轻者,亦附奏闻。"②

---

① 王夫之:《读通鉴论》,中华书局 1975 年版,第 611 页。
② 《贞观政要》,上海古籍出版社 1978 年版,第 229 页。

贞观十五年　公元 641 年

1. 李淳风奉命负责《晋书》《五代史》中《天文》《律历》《五行》等志的撰写

《旧唐书·李淳风传》卷七十九曰：李淳风"十五年，除太常博士。寻转太史丞，预撰《晋书》及《五代史》，其《天文》《律历》《五行志》皆淳风所作也。又预撰《文思博要》"①。

2. 颜师古撰成《汉书注》一百二十卷

《旧唐书·颜师古传》卷七十三曰："时承乾在东宫，命师古注班固《汉书》，解释详明，深为学者所重。承乾表上之，太宗令编之秘阁，赐师古物二百段、良马一匹。"②书成时间据颜师古《汉书序例》："岁在重光，律中大吕，是谓涂月，其书始就。"③四库馆臣谓成于本年。

按：班固《汉书》文字古雅、晦涩难懂，历来注家众多，但说法互异，各执一端。颜师古博览群书，精于训诂，其所注《汉书》与《急就章》流传于世，影响较大。颜注《汉书》采取"集注"的形式，广泛征引唐代以前二十余家注释，并加以删改、补充、折中和润色。

3. 吕才等奉诏撰成《阴阳书》五十三卷

《旧唐书·吕才传》卷七十九曰："太宗以《阴阳书》近代以来渐致讹

---

① 《旧唐书》，中华书局 1975 年版，第 2718 页。
② 《旧唐书》，中华书局 1975 年版，第 2595 页。
③ 《汉书》，中华书局 1962 年版，第 3 页。

伪,穿凿既甚,拘忌亦多,遂命才与学者十余人共加刊正,削其浅俗,存其可用者。勒成五十三卷,并旧书四十七卷,十五年书成,诏颁行之。才多以典故质正其理,虽为术者所短,然颇合经义,今略载其数篇。"①

按:该书已散佚,唯存数篇散见于新、旧《唐书》。

4. 高士廉纂成《文思博要》一千二百卷、《目》十二卷

《全唐文·文思博要序》卷一三四云:"述作之义坦然,笔削之规大备。特进尚书右仆射申国公士廉,特进郑国公魏徵,中书令驸马都尉德安郡公杨师道,兼中书侍郎江陵县子岑文本,中散大夫守尚书礼部侍郎颜相时,中散大夫守国子司业朱子奢,给事中许敬宗,朝散大夫守国子博士刘伯庄,朝散大夫行太常博士吕才,秘书丞房玄龄,朝散大夫行太学博士马嘉运,朝散大夫行起居舍人褚遂良,朝议郎守晋王友姚思聪,太子舍人司马宅相,秘书郎宋正跱,笼缃素则一字必包,举残缺则片言靡弃,繁而有检,简而不失。同兹万顷,塍垾自分,譬彼百川,派流无壅。讨论历载,琢磨云毕,勒成一家,名《文思博要》,一百二十帙一千二百卷,并目录一十二卷。义出六经,事兼百氏,究帝王之则,极圣贤之训,天地之道备矣,人神之际在焉。"②

按:《新唐书·艺文志三》谓无吕才,另有李淳风、崔行功。此书宋以后已不传。

5. 欧阳询卒

欧阳询(557—641),字信本,潭州临湘人,唐代书法家、学者。隋时为太常博士,入唐累官太子率更令、弘文馆学士等。书法代表作楷书有《九成宫醴泉铭》《皇甫诞碑》《化度寺碑》《兰亭记》,行书有《行书千字文》。欧阳询博览经史,精通"三史"(《史记》《汉书》《后汉书》)。武德七年,奉高祖诏,与裴矩、陈叔达撰《艺文类聚》一百卷。《全唐文》卷一百四十六录存其文八篇,《全唐诗》录存其诗一首。

---

① 《旧唐书》,中华书局1975年版,第2720页。
② 《全唐文》,中华书局1983年版,第1358页。

按:书法史上,欧阳询列楷书四大家:欧阳询、颜真卿、柳公权、赵孟頫。他与同代的虞世南、褚遂良、薛稷并称初唐四大家。因其子欧阳通亦通善书法,故其又称"大欧"。欧阳询楷书法度之严谨,笔力之险峻,世无所匹,被称为唐人楷书第一。他与虞世南俱以书法驰名初唐,并称"欧虞"。后人以其书于平正中见险绝,最便初学,号为"欧体"。

6. 朱子奢卒

朱子奢(?—641),生年、字号不详,苏州吴县人,初唐文学家。善文辞,通春秋。隋大业中,为直秘书学士,天下乱,辞疾还乡里。武德四年,随杜伏威入唐,授国子助教。贞观时,累官谏议大夫,弘文馆学士,从乡人顾彪授《春秋左氏传》,奉诏与孔颖达等撰《礼记正义》七十卷,与高士廉等纂《文思博要》一千二百卷。《全唐文》存录其文五篇,《全唐诗》《全唐诗续拾》各存录一首。

7. 刘孝孙卒

刘孝孙(?—641),生年、字号不详,荆州人,唐初学者、文学家。弱冠知名,与虞世南、蔡君和、孔德绍、庚抱、廋自直、刘斌等登临山水,结为文会。唐武德初,历虞州录事参军,补文学馆学士。贞观中,累官著作佐郎、咨议参军,迁太子洗马。撰有《古今类序诗苑》三十卷、《七曜杂述》两卷、《隋开皇历》一卷、《事始》三卷等,有文集三十卷,已佚。《全唐文》卷一百五十四录存其文一篇,《全唐书》卷三十三录存其诗七首。

按:《旧唐书·刘孝孙传》卷七十二曰:"贞观六年,迁著作佐郎、吴王友。尝采历代文集,为王撰《古今类序诗苑》四十卷。十五年,迁本府咨议参军。寻迁太子洗马,未拜卒。"[1]据此可知,刘孝孙卒于本年或稍后。

---

[1] 《旧唐书》,中华书局 1975 年版,第 2583 页。

贞观十六年　公元 642 年

1.《五经正义》书成，太宗下诏更改

孔颖达等撰成《五经正义》，马嘉运认为"颖达所撰《正义》颇多繁杂，每掎摭之，诸儒亦称为允当"①。于是，唐太宗下诏"更改详定"。

2. 萧德言、颜胤、谢偃等纂成《括地志》五十卷

《旧唐书·濮王泰传》卷七十六曰："十二年，司马苏勖以自古名王多引宾客，以著述为美，劝泰奏请撰《括地志》。泰遂奏引著作郎萧德言、秘书郎顾胤、记室参军蒋亚卿、功曹参军谢偃等就府修撰。……十五年，泰撰《括地志》功毕，表上之。诏令付秘阁，赐泰物万段，萧德言等咸加给赐物。"②

按：由此可知，此书始纂于贞观十二年，于贞观十五年纂成，十六年进上。该书是一部全国性的地理志，它吸收了《汉书·地理志》和顾野王《舆地志》两书的特点，创立了一种新的地理书体裁，为后来的《元和郡县志》《太平寰宇记》开了先河。该书按当时的都督府区划和州县建置，博采经传地志，旁求故志旧闻，详载各政区建置沿革及山川、物产、古迹、风俗、人物、掌故等，多为唐宋著作所引，南宋后散佚。现有清孙星衍《括地志辑本》，收于《岱南阁丛书》《正觉楼丛书》《槐庐丛书》，1980 年中华书局出版贺次君《括地志辑校》。

---

① 《旧唐书》，中华书局 1975 年版，第 2603 页。
② 《旧唐书》，中华书局 1975 年版，第 2653—2654 页。

贞观十七年　公元643年

1. 房玄龄、许敬宗、敬播等奉诏撰成
《高祖实录》二十卷、《太宗实录》二十卷

《资治通鉴·唐纪十三》卷一百九十七曰："初,上谓监修国史房玄龄曰:'前世史官所记,皆不令人主见之,何也?'对曰:'史官不虚美、不隐恶,若人主见之必怒,故不敢献也。'帝曰:'朕之为心,异于前世。帝王欲自观国史,知前日之恶,为后来之戒,公可撰次以闻。'谏议大夫朱子奢上言:'陛下圣德在躬,举无过事,史官所述,义归尽善。陛下独览《起居》,于事无失,若以此法传示子孙,窃恐曾、玄之后或非上智,饰非护短,史官必不免刑诛。如此,则莫不希风顺旨,全身远害,悠悠千载,何所信乎! 所以前代不观,盖为此也。'上不从。玄龄乃与给事中许敬宗等删为《高祖》《今上实录》,癸巳,书成,上之。上见书六月四日事,语多微隐,谓玄龄曰:'周公诛管、蔡以安周,季友鸩叔牙以存鲁,朕之所以,亦类是耳,史官何讳焉!'即命削去浮词,直书其事。"①

2. 约是年前后,敬播奉房玄龄之命
删减颜师古《汉书注》为四十卷

《旧唐书·敬播传》卷一百八十九上曰:"时梁国公房玄龄深称播有良史之才,曰:'陈寿之流也。'玄龄以颜师古所注《汉书》,文繁难省,令播撮

---

① 《资治通鉴》,中华书局1956年版,第6203页。

其机要,撰成四十卷,传于代。"①

　　按:颜师古《汉书注》原为一百二十卷(参见《纪事卷·颜师古与汉书注》条)。

3. 魏徵卒

　　魏徵(580—643),字玄成,唐巨鹿人,唐初名臣、史学家。魏徵从小家境贫寒,父母双亡,但好学博览,曾出家为道士,后经历波折,被太子李建成引为东宫僚属。曾任谏议大夫、左光禄大夫,封郑国公,谥"文贞",以直谏敢言著称,是中国史上最负盛名的谏臣。魏徵病逝后,太宗亲临吊唁,后尝说:"夫以铜为镜,可以正衣冠;以古为镜,可以知兴替;以人为镜,可以明得失。朕常保此三镜,以防己过。今魏徵殂逝,遂亡一镜矣!"②魏徵奉诏总纂五代史,撰写了《隋书》序论,《梁书》《陈书》《齐书》的总论等。曾与虞世南等纂写《群书治要》。

---

① 《旧唐书》,中华书局 1975 年版,第 4954 页。
② 《旧唐书》,中华书局 1975 年版,第 2561 页。

贞观十八年　公元644年

1. 盖文达卒

盖文达(578—644),字艺成,冀州信都人。唐代大儒,"贞观十八学士"之一。盖文达师从刘焯,与族弟盖文懿皆名儒,人称"二盖"。文达博览群书,尤精于《春秋三传》(《左传》《公羊传》《穀梁传》),入唐后历任国子司业、谏议大夫,兼崇贤馆学士。

2. 王绩卒

王绩(约590—644),字无功,号东皋子,绛州龙门人,唐初学者。隋末举孝廉,历任秘书正字以及扬州六合丞。隋末天下大乱,王绩弃官还乡。唐武德中,王绩以前朝官而待诏门下省,至贞观初,而以疾罢归,躬耕于东皋,故自号为"东皋子"。王绩性简傲,嗜酒,能诗,好学博闻,注《老子》,撰有《会心高士传》五卷,《酒经》《酒谱》各一卷,皆散佚。今存吕才所编的《王无功文集》(一作王绩集)以及《东皋子集》。

贞观十九年　公元645年

1. 太宗与侍臣论治国之道，以骄矜取败为戒

《贞观政要·政体第二》卷一曰："贞观十九年，太宗谓侍臣曰：'朕观古来帝王，骄矜而取败者，不可胜数。不能远述古昔，至如晋武平吴、隋文伐陈已后，心逾骄奢，自矜诸己，臣下不复敢言，政道因兹弛紊。朕自平定突厥、破高丽已后，兼并铁勒，席卷沙漠以为州县，夷狄远服，声教益广。朕恐怀骄矜，恒自抑折，日旰而食，坐以待晨。每思臣下有谠言直谏，可以施于政教者，当拭目以师友待之。如此，庶几于时康道泰尔。'"①

2. 岑文本卒

岑文本（595—645），字景仁，南阳郡棘阳人，唐初文学家、学者，聪敏好学，博通经史，弘厚忠谨。贞观中，历任秘书郎、中书舍人、中书侍郎等职，专典朝中机要，累迁中书令。尝奉诏参与撰写《周书》（史论多出其手）、《大唐氏族志》、《文思博要》等，撰有文集六十卷，已佚。《全唐文》录存其文二十篇，《全唐诗》录存其诗五首。

3. 颜师古卒

颜师古（581—645），字籀，京兆万年人，唐初经学家、文字学家、史学家。颜师古是名儒颜之推的孙子，少传家业，遵循祖训，博览群书，学问博

---

① 《贞观政要》，上海古籍出版社1978年版，第23页。

通,擅长训诂、音韵、校勘之学。他还是研究《汉书》的专家,对两汉以来的经学史也十分熟悉。隋朝时为安养尉,唐初任朝散大夫、中书舍人,唐太宗时任中书侍郎、秘书少监,晚年为弘文馆学士。颜师古尝奉敕考定《五经正本》,参与撰写《五经正义》《隋书》等,并撰有《汉书注》一百二十卷以及《匡谬正俗》八卷、《急就章注》一卷等,皆存。另有集六十卷(一作四十卷),已佚。《全唐文》卷一百四十七至一百四十八编存其文为两卷,《全唐诗》卷三十录存其诗一首。

4. 张士衡卒

张士衡(? —645),生年、字号不详,瀛州乐寿人,唐朝经学家。尝从经学家刘轨思习《毛诗》《周礼》,又从名儒熊安生、刘焯习《礼记》,皆精究大义。后遍讲《五经》,尤专于三《礼》。仕隋时为余杭令,贞观中为崇贤馆学士、朝散大夫。因太子承乾废,受连累罢归,以三《礼》教诸生,唐代三《礼》之学由是而传播,弟子显名者有贾公彦等人。

贞观二十年　公元 646 年

1. 太宗下诏重修《晋史》

太宗以为诸家《晋史》"虽存记注，才非良史，书非实录"，遂下诏重修。据《唐会要·修前代史》卷六十三："（贞观）二十年闰三月四日诏，令修史所更撰晋书，铨次旧闻，裁成义类，其所须可依修五代史故事。若少，学士量事追取。于是司空房玄龄、中书令褚遂良、太子左庶子许敬宗掌其事，又中书舍人来济、著作郎陆元仕、著作郎刘子翼、主客郎中卢承基、太史令李淳风、太子舍人李义府、薛元超、起居郎上官仪、主客员外郎崔行功、刑部员外郎辛丘驭、著作郎刘允之、光禄寺主簿杨仁卿、御史台主簿李延寿、校书郎张文恭并分功撰录。又令前雅州刺史令狐德棻、太子司仪郎敬播、主客员外郎李安期、屯田员外郎李怀俨详其条例，量加考正。以臧荣绪《晋书》为本，捃摭诸家，及晋代文集，为十纪、十志、七十列传、三十载纪。其太宗所著宣武二帝，及陆机王羲之四论，称制旨焉；房玄龄已下，称史臣，凡起例皆播独创焉。以其书赐皇太子，及新罗使者，各一部。"①

---

① 《唐会要》，中华书局 1955 年版，第 1091—1092 页。

贞观二十一年　公元 647 年

1. 太宗下诏以左丘明等先世名儒配享孔庙，以尊重儒道

《旧唐书·儒学传序》卷一百八十九上：二十一年二月壬申，太宗诏曰："左丘明、卜子夏、公羊高、穀梁赤、伏胜、高堂生、戴圣、毛苌、孔安国、刘向、郑众、杜子春、马融、卢植、郑玄、服虔、何休、王肃、王弼、杜元凯、范宁等二十一人，并用其书，垂于国胄。既行其道，理合褒崇。自今有事太学，可与颜子俱配享孔子庙堂。"①

2. 高士廉卒

高士廉（575—647），名俭，字士廉，以字行，渤海蓚县人，唐代开国功臣、学者。高士廉为北齐清河王高岳之孙，少有器局，涉猎古今，心术明达，尝参与玄武门之变的策划。贞观中，历任安州都督、益州大都督府长史、吏部尚书等职，位列凌烟阁二十四功臣第六。贞观二十一年，卒于家，追赠司徒、并州都督，谥曰"文献"，陪葬昭陵，后又追赠太尉。主持编撰《大唐氏族志》一百卷、《文思博要》一千二百卷。《全唐文》收录其文两篇。

3. 杨师道卒

杨师道（？—647），生年不详，字景猷，弘农华阴人，唐初诗人、书法家。杨师道出身弘农杨氏，隋亡后投奔唐朝，历任吏部侍郎、太常卿、侍

---

① 《旧唐书》，中华书局 1975 年版，第 4942 页。

中、中书令。李承乾谋反案后，被罢为吏部尚书。卒于官，追赠吏部尚书、并州都督，谥曰"懿"。尝参修《文思博要》一千二百卷，有集十卷，已佚。《全唐文》录存其文一篇，《全唐诗》录存其诗一卷。

贞观二十二年 公元 648 年

1.房玄龄等纂成《晋书》

《旧唐书·房玄龄传》卷六十六曰:"寻与中书侍郎褚遂良受诏重撰《晋书》,于是奏取太子左庶子许敬宗、中书舍人来济、著作郎陆元仕、刘子翼、前雍州刺史令狐德棻、太子舍人李义府、薛元超、起居郎上官仪等八人,分功撰录,以臧荣绪《晋书》为主,参考诸家,其为详洽。然史官多是文咏之士,好采诡谬碎事,以广异闻;又所评论,竞为绮艳,不求笃实,由是颇为学者所讥。唯李淳风深明星历,善于著述,所修《天文》《律历》《五行》三志,最可观采。太宗自著宣、武二帝及陆机、王羲之四论,于是总题云御撰。至二十年,书成,凡一百三十卷,诏藏于秘府,颁赐加级各有差。"[①]

按:贞观二十年,太宗下诏重修晋史,至二十二年书成。因太宗亲自撰写了《宣帝纪》《武帝纪》《陆机传》《王羲之传》四篇文末之论,故总题为"御撰"。《旧唐书》谓是书成于二十年,误。

2.太宗撰《帝范》十二篇,赐太子李治

《全唐文·太宗皇帝·帝范序》卷一〇:"汝以幼年,偏钟慈爱,义方多阙,庭训有乖。擢自维城之居,属以少海之任,未辨君臣之礼节,不知稼穑之艰难。朕每思此为忧,未尝不废寝忘食。自轩昊以降,迄至周隋,以经天纬地之君,纂业承基之主,兴亡治乱,其道焕然。所以披镜前踪,博采史

---

① 《旧唐书》,中华书局 1975 年版,第 2463 页。

籍,聚其要言,以为近诫云耳。"①

又《全唐文·太宗皇帝·帝范后序》卷一〇:"此十二条者,帝王之纲,安危兴废,咸在兹焉。……况女无纤毫之功,直缘机而履庆。若崇美以广德,则业泰身安;若肆情以从非,则业倾身丧。且成迟败速者国基也,失易得难者天位也,可不惜哉! 可不慎哉!"②

按:《帝范》为李世民自撰,主要论述人君之道。《帝范》十二篇:《君体》《建亲》《求贤》《审官》《纳谏》《去谗》《诫盈》《崇俭》《赏罚》《务农》《阅武》《崇文》。诸篇文字简练,文辞雅致。依《旧唐书·经籍志》《新唐书·艺文志》,此书篇幅为四卷。今存《四库全书》本,系清四库馆臣于《永乐大典》中辑出,仍编为四卷。

3. 李百药卒

李百药(565—648),字重规,定州安平人,唐朝史学家、诗人。隋时百药仕太子舍人、东宫学士、桂州司马以及建安郡丞。后归唐,拜中书舍人、礼部侍郎、散骑常侍,以年老致仕,卒谥"康"。其父李德林曾任隋内史令,预修国史,撰有《齐史》,李百药奉诏修北齐史,遂续其父旧稿,著成《齐书》五十卷。另有文集三十卷,已佚。《全唐诗》卷四三录存其诗一卷。

4. 孔颖达卒

孔颖达(574—648),字仲达(一说仲远),冀州衡水人,隋唐间经学家。尝从名儒刘焯问学,以精通五经而闻名于世,尤明《左传》、郑玄注《尚书》《毛诗》《礼记》和王弼注《易》,兼善历算,能属文。隋时举明经高第,授河内郡博士,补太学助教。入唐后,为李世民秦王府文学馆学士,名列"十八学士"之一。历任国子博士、国子司业、国子祭酒等职,以年老致仕,卒谥"宪"。曾助魏徵撰写《隋书》,参与修订"五礼",撰《孝经义疏》,奉敕编撰《五经正义》一百八十卷,有文集五卷,已佚。《全唐文》卷一四六录存其文七篇。

---

① 《全唐文》,中华书局1983年版,第121页。
② 《全唐文》,中华书局1983年版,第121页。

5.房玄龄卒

房玄龄(579—648),名乔,字玄龄,齐州临淄(今山东济南)人,唐初名相。博览经典,善属文,精于史,工书法。隋文帝开皇年间,举进士,累授洹水尉。隋末,投奔秦王李世民,出谋划策,典管书记。后参与玄武门之变,与杜如晦、长孙无忌、尉迟敬德、侯君集五人并功第一。贞观中,累任中书令、尚书左仆射等职。贞观十一年封梁国公,贞观十六年进位司空,以疾卒,谥"文昭"。尝奉诏监修五代史及《晋书》《高祖实录》《今上实录》,主持编纂《大唐新礼》一百卷、《贞观律》十二卷、《贞观令》二十七卷、《贞观格》十八卷、《留司格》一卷、《贞观式》三十三卷、《文思博要》一千二百卷。

贞观二十三年 公元 649 年

1. 王福畤重新编成《中说》十卷

王福畤，王通第三子，王勃生父，生卒年不详，绛州龙门人。《全唐文》卷一六一录存其文五篇。生七子：勔、勮、勃、助、劼、劫、劝，季子王勃为"初唐四杰"之一。《全唐文·王福畤·王氏家书杂录》卷一六一载："十九年，仲父被起为洛州录事，又以《中说》授余。……余因而辨类分宗，编为十编，勒成十卷，其门人弟子姓字本末，则访诸纪牒，列于外传，以备宗本焉。……时贞观二十三年正月序。"①由此可知，王福畤于贞观十九年编次《中说》，至二十三年编成。

2. 许叔牙卒

许叔牙(？—649)，生年、字号不详，润州句容人。少精于《毛诗》《礼记》，尤善讽咏。贞观初，授晋王文学，兼侍读，寻迁太常博士，升春宫，加朝散大夫，迁太子洗马，兼崇贤馆学士，仍兼侍读。卒谥"博"，赠太常卿。尝参注《后汉书》，撰有《毛诗纂义》十卷，已佚。

---

① 《全唐文》，中华书局 1983 年版，第 1646 页。

唐高宗永徽元年　公元 650 年

1.令狐德棻奉诏修定律令,监修国史及《五代史志》

《旧唐书·令狐德芬传》卷七十三曰:"永徽元年,又受诏撰定律令,复为礼部侍郎,兼弘文馆学士,监修国史及《五代史志》。寻迁太常卿,兼弘文馆学士。"①

2.高宗与宰臣及弘文馆学士集于中华殿论政道

《旧唐书·令狐德芬传》卷七十三曰:"时高宗初嗣位,留心政道,尝召宰臣及弘文馆学士于中华殿而问曰:'何者为王道、霸道? 又孰为先后?'德棻对曰:'王道任德,霸道任刑。自三王已上,皆行王道;唯秦任霸术,汉则杂而行之;魏、晋已下,王、霸俱失。如欲用之,王道为最,而行之为难。'高宗曰:'今之所行,何政为要?'德棻对曰:'古者为政,清其心,简其事,以此为本。当今天下无虞,年谷丰稔,薄赋敛,少征役,此乃合于古道。为政之要道,莫过于此。'高宗曰:'政道莫尚于无为也。'又问曰:'禹、汤何以兴? 桀、纣何以亡?'德棻对曰:'《传》称:"禹、汤罪己,其兴也勃焉;桀、纣罪人,其亡也忽焉。"二主惑于妹喜、妲己,诛戮谏者,造炮烙之刑,是其所以亡也。'高宗甚悦,既罢,各赐以缯彩。"②

---

① 《旧唐书》,中华书局 1975 年版,第 2598 页。
② 《旧唐书》,中华书局 1975 年版,第 2598—2599 页。

3. 长孙无忌等撰成《贞观实录》二十卷

《唐会要·修国史》卷六十三:"永徽元年闰五月二十三日,史官太尉无忌等,修《贞观实录》毕,上之。起贞观十五年至二十三年,勒成二十卷。"[①]

4. 王勃、杨炯生

《王子安集笺注》卷一《春思赋》:"咸亨二年,余春秋二十有二。"
《杨炯集》卷一《浑天赋》:"显庆五年,炯时年十一。"

---

① 《唐会要》,中华书局1955年版,第1092页。

永徽二年　公元 651 年

1. 诏长孙无忌等刊正孔颖达等所撰《五经正义》

《唐会要·贡举下·论经义》卷七十七:"永徽二年三月十四日,诏太尉赵国公长孙无忌,及中书门下,及国子三馆博士、宏文学士,故国子祭酒孔颖达所撰《五经正义》,事有遗谬,仰即刊正。至四年三月一日,太尉无忌、左仆射张行成、侍中高季辅,及国子监官,先受诏修改《五经正义》,至是功毕,进之。诏颁于天下,每年明经,依此考试。"①

2. 颜扬庭刊正颜师古所撰《匡谬正俗》书稿,勒成八卷

《上匡谬正俗表》曰:"臣亡父先臣师古,尝撰《匡谬正俗》,稿草才半,部帙未终,以臣衅犯幽灵,奄垂捐弃,攀风罔及,陟岵增哀。臣敬奉遗文,谨遵先范,分为八卷,勒成一部,百氏纰缪,虽未可穷,六典迁讹,于斯矫革。谨斋诣阙,奉表以闻。轻触威严,伏深震悚,永徽二年十二月八日,符玺郎臣颜扬庭上。"②

按:颜师古以世传《诗经》《论语》《尚书》《礼记》《春秋》《左传》《史记》《汉书》及汉赋和六朝史书多有错乱,遂刊正诸书文字谬误,解其字义,正其读音,释其俗语,明其源由,撰《匡谬正俗》八篇。然至其去世,未成定稿,体例内容芜杂。

---

① 《唐会要》,中华书局 1955 年版,第 1405 页。
② 《全唐文》,中华书局 1983 年版,第 1680 页。

永徽四年　公元 653 年

1. 长孙无忌等进《五经正义》,诏颁之,
令每年明经以此考试

　　《唐会要·贡举下·论经义》卷七十七曰:"永徽二年三月十四日,诏太尉赵国公长孙无忌,及中书门下,及国子三馆博士、宏文学士,故国子祭酒孔颖达所撰《五经正义》,事有遗谬,仰即刊正。至四年三月一日,太尉无忌、左仆射张行成、侍中高季辅,及国子监官,先受诏修改《五经正义》,至是功毕,进之,诏颁于天下。每年明经,依此考试。"①

　　按:可参见永徽二年"诏长孙无忌等刊正孔颖达等所撰《五经正义》"条。

---

① 《唐会要》,中华书局 1955 年版,第 1405 页。

永徽五年　公元654年

1. 萧德言卒

　　萧德言(558—654),字文行,雍州长安人。德言博涉经史,尤精《春秋左氏传》,好属文。武德年间,任东宫属臣太子洗马。贞观中,除著作郎,兼弘文馆学士。卒年九十七,谥"博"。尝奉诏与魏徵等裒次经史百氏帝王所以兴衰者而撰成《群书治要》五十卷,又与顾胤等编撰《括地志》五十卷。另有集三十卷,已佚,《全唐诗》录存其诗一首。

唐高宗显庆元年　公元 656 年

1. 长孙无忌等撰成《五代史志》三十卷

《史通》载："初，太宗以梁、陈及齐、周、隋氏并未有书，乃命学士分修，事具于上。仍使秘书监魏徵总知其务，凡有赞论，徵多预焉。始以贞观三年创造，至十八年方就，合为《五代纪传》，并目录凡二百五十二卷。书成，下于史阁。惟有十志，断为三十卷，寻拟续奏，未有其文。又诏左仆射于志宁、太史令李淳风、著作郎韦安仁、符玺郎李延寿同撰。其先撰史人，唯令狐德棻重预其事。太宗崩后，刊勒始成。其篇第虽编入《隋书》，其实别行，俗称为《五代史志》。"①

2. 长孙无忌等撰成《武德贞观两朝国史》八十卷进上

《唐会要·史馆上·修国史》卷六十三："显庆元年七月三日，史官太尉无忌、左仆射于志宁、中书令崔敦礼、国子祭酒令狐德棻、中书侍郎李义府、崇贤学士刘允之、著作郎杨仁卿、起居郎李延寿、秘书郎张文恭等，修国史成，起义宁尽贞观末，凡八十一卷，藏其书于内府。"②

《旧唐书·长孙无忌传》卷六十五："显庆元年，无忌与史官国子祭酒令狐德棻缀集武德、贞观二朝史为八十卷，表上之，无忌以监领功，赐物二千段，封其子润为金城县子。"③

---

① 《史通通释》，上海古籍出版社 1978 年版，第 231 页。
② 《唐会要》，中华书局 1955 年版，第 1093 页。
③ 《旧唐书》，中华书局 1975 年版，第 2455 页。

3. 阎立德卒

　　阎立德(? —656),生年不详,名让,字立德,以字行,雍州万年(今陕西西安)人,初唐建筑家、工艺家以及画家。出身工程世家,唐武德至贞观年间任尚衣奉御、将作少匠、将作大匠、工部尚书等职,卒谥"康"。曾受命营造唐高祖山陵,督造翠微、玉华两宫,营建昭陵,主持修筑唐长安城外郭和城楼等。对工艺、绘画造诣颇深,曾主持设计帝后所用服饰。绘画以人物、树石、禽兽见长,与弟阎立本同为著名画家,代表作品有《文成公主降番图》等。

显庆二年 公元 657 年

1. 许敬宗奏请以孔子为先圣

《旧唐书·礼仪志四》卷二十四载:"高宗显庆二年七月,礼部尚书许敬宗等议:'依令,周公为先圣,孔子为先师。又《礼记》云:"始立学,释奠于先圣。"郑玄注云:"若周公、孔子也。"且周公践极,功比帝王,请配武王。以孔子为先圣。'"①

按:唐朝初年,周公、孔子先圣地位屡有变更,唐高祖以周公为先圣(参见武德七年),太宗以孔子为先圣(参见贞观二年),至唐高宗时期孔子之先圣地位又被取消。本年,许敬宗重新奏请以孔子为先圣。

---

① 《旧唐书》,中华书局 1975 年版,第 918 页。

显庆三年　公元 658 年

1. 长孙无忌等奉敕修订《永徽五礼》一百三十卷成

《旧唐书·高宗纪上》卷四："三年春正月戊子,太尉、赵国公无忌等修《新礼》成,凡一百三十卷,二百五十九篇,诏颁于天下。"①

2. 李善撰《文选注》六十卷成

李善《进文选表》记："臣蓬衡蕞品,樗散陋姿。汾河委策,凤非成诵;嵩山坠简,未议澄心。握玩斯文,载移凉燠;有欣永日,实昧通津。故勉十舍之劳,寄三余之暇,弋钓书部,愿言注辑,合成六十卷,杀青甫就,轻用上闻。享帚自珍,缄石知谬。敢有尘于广内,庶无遗于小说。谨诣奉进,伏愿鸿慈,曲垂照览。谨言。显庆三年九月日,上表。"②故知,此书成于本年,李善《文选注》为唐代"《文选》学"重要的著作。

3. 许敬宗等纂成《文馆词林》一千卷

据《唐会要》载:显庆三年"十月二日,许敬宗修《文馆词林》一千卷上之"③。是书由许敬宗等奉敕编纂,将先秦至唐的诗文分类纂辑,汇为一编。成书后,深藏中秘,宋时已散佚殆尽,仅存少数单行本见于著录。但在东邻日本尚有残本多种传世,近代陆续回传中土,先后有《粤雅堂丛书》

---

① 《旧唐书》,中华书局 1975 年版,第 78 页。
② 《全唐文》,中华书局 1983 年版,第 2123 页。
③ 《唐会要》,中华书局 1955 年版,第 656 页。

本、《古逸丛书》本、《适园丛书》本、《丛书集成》本及董康影印本、杨氏成都刻本等辗转刊刻。

4. 褚遂良卒

褚遂良（596—658），字登善，祖籍河南阳翟（今河南禹州）。父褚亮，为文学馆十八学士之一。遂良是初唐著名书法家，与欧阳询、虞世南、薛稷并称"初唐四家"。武德时入秦王李世民幕，贞观中累迁中书令，高宗时历任礼部尚书、同中书门下三品、尚书右仆射等职。尝参撰《文思博要》《晋书》等，传世墨迹有《倪宽赞》《阴符经》，碑刻有《雁塔圣教序》《伊阙佛龛碑》《房玄龄碑》等，审编《二王张芝张昶等书》一千五百一十卷，另有集二十卷，已佚。《全唐文》卷一四九录存其文二十六篇。

显庆四年　公元 659 年

1. 李延寿撰成《南史》《北史》，高宗亲为作序

《唐会要·修前代史》卷六十三载："显庆元年五月四日，史官修梁陈齐周隋五代史三十卷，太尉无忌进之。四年二月，太子司更大夫吕才，著《隋纪》二十卷。其年，符玺郎李延寿，撮近代诸史，南起自宋，终于陈，北始自魏，卒于隋，合一百八十篇，号为南北史。上自制序。"①故知，是书成于显庆四年，是书乃李大师、李延寿父子两代人编撰而成。

2. 长孙无忌卒

长孙无忌(？—659)，字辅机，河南洛阳人。贞观中历任吏部尚书、司空、司徒等职，封齐国公，后徙赵国公，位列凌烟阁二十四功臣第一。唐高宗时，册封太尉，同中书门下三品，因反对高宗立武则天为皇后，为许敬宗诬构，削爵流黔州，自缢死。尝奉敕参修《尚书正义》《太宗实录》《贞观律》《唐本草》《律疏》(宋以后称《唐律疏议》)等。主持编修《武德贞观两朝史》《大唐仪礼》《五代史志》《永徽五礼》等。《全唐文》卷一三六录存其文一卷，《全唐诗》录存其诗三首。

3. 徐坚生，贺知章生，陈子昂约生于是年

按：关于陈子昂生年，罗庸《陈子昂年谱》谓龙朔元年，韩理州《陈子昂

---

① 《唐会要》，中华书局 1955 年版，第 1092 页。

生卒年考辨》谓显庆三年,彭庆生《陈子昂年谱》、吴明贤《陈子昂生卒年辨》皆谓本年。

4. 李延寿约是年或稍后卒

　　李延寿(?—约659),生年不详,字遐龄,唐相州(今河南安阳)人,初唐史学家。贞观中累补太子典膳丞、崇贤馆学士,后任御史台主簿,官至符玺郎,兼修国史,寻卒。《新唐书》本传谓其迁任符玺郎于撰成《南史》《北史》之后,故知其卒于本年或之后。尝奉诏参修《五代史志》《晋书》及国史,又著有《南史》八十卷、《北史》一百卷和《太宗政典》三十卷,删补宋、齐、梁、陈、魏、齐、周、隋八代史。《全唐文》卷一五四录存其文两篇。

唐高宗龙朔二年　公元662年

1.禁断临丧嫁娶和送葬、上墓无戚容

《唐会要·寒食拜扫》卷二十三:"龙朔二年四月十五日诏,如闻父母初亡,临丧嫁娶,积习日久,遂以为常,亦有送葬之时,共为欢饮,递相酬劝,酣醉始归,或寒食上墓,复为欢乐,坐对松槚,曾无戚容。既玷风猷,并宜禁断。"①

2.来济卒

来济(610—662),字号不详,江都(今江苏扬州)人。隋朝名将来护儿之子,贞观中历任通事舍人、中书舍人,高宗时历任中书侍郎、中书令等职。龙朔二年,突厥入寇,力战阵亡。尝奉诏与令狐德棻等撰《晋书》,有文集《南阳公集》三十卷,已佚。《全唐诗》卷三九录存其诗一首,《册府元龟》录存其文一篇。

---

① 《唐会要》,中华书局1955年版,第439页。

龙朔三年　公元663年

1.敬播卒

　　敬播(?—663),生年、字号不详,蒲州河东人。唐初史学家。贞观初,举进士,历任太子校书、著作郎、太子司仪郎、谏议大夫、给事中等职。尝辅佐颜师古、孔颖达修《隋史》,参修《高祖实录》《太宗实录》《晋书》。房玄龄称赞敬播有良史之才,认为他是"陈寿之流"。房玄龄认为颜师古所注的《汉书》过于繁杂难看,命令敬播撮其机要,撰成四十卷。敬播又续撰《太宗实录》二十卷以及《隋略》二十卷。《全唐文》卷一五四存其文一篇。

唐高宗麟德二年　公元 665 年

1. 李淳风造《麟德历》,诏颁行之

《旧唐书·高宗纪上》卷四:"(麟德二年)五月辛卯,以秘阁郎中李淳风造历成,名《麟德历》,颁之。"[1]

《旧唐书·李淳风传》卷七十九:"时《戊寅历法》渐差,淳风又增损刘焯《皇极历》,改撰《麟德历》奏之,术者称其精密。"[2]

2. 于志宁卒

于志宁(588—665),字仲谧,雍州高陵(今陕西高陵)人,唐初学者。贞观时,历任渭北道行军元帅府记室、天策府从事中郎,位列秦王府十八学士。后任太子左庶子、太子詹事。唐高宗时,历任侍中、尚书左仆射、同中书门下三品,封燕国公。后因得罪武则天,贬为荣州刺史,以年老致仕,卒谥"定"。尝参修《隋书》《大唐仪礼》《留本司行格》《周易正义》《尚书正义》《本草》,自撰《谏苑》二十卷,有文集四十卷(一说二十卷,一说七十卷),已佚。《全唐文》卷一四四、一四五编其文为二卷,《唐文拾遗》卷一四补两篇。《全唐诗》卷三三录存其诗一首,《全唐诗补编·续拾》卷三辑补一首。

---

① 《旧唐书》,中华书局 1975 年版,第 87 页。
② 《旧唐书》,中华书局 1975 年版,第 2719 页。

3. 吕才卒

吕才（600—665），字号不详，博州清平（今山东聊城高唐清平镇）人，唐初哲学家、音乐家、科学家。吕才精通音律、阴阳，熟谙军事、地理、历史。贞观中，由温彦博、魏徵推荐，任太常博士、太常丞等职。尝奉诏撰写《阴阳书》五十三卷，参修《姓氏录》《文思博要》等，又有《隋纪》二十卷、《大博经》两卷，皆佚。吕才著述大都散失，《旧唐书》本传中存录其《叙宅经》《叙禄命》《叙葬书》，《大正藏》收录其《因明注解立破义图》三卷，《全唐书》卷一六〇录存其文八篇。

唐高宗乾封元年　公元 666 年

1. 高宗谒孔子庙,追赠孔子太师

《旧唐书·高宗纪下》卷五:高宗改麟德三年为乾封元年,"甲午,次曲阜县,幸孔子庙,追赠太师,增修祠宇,以少牢致祭。其褒圣侯德伦子孙,并免赋役"①。

2. 令狐德棻卒

令狐德棻(583—666),字号不详,宜州华原(今陕西耀州)人,唐初政治家、史学家。德棻博通文史,早有文名,贞观中,历任礼部侍郎、兼修国史、太子右庶子、雅州刺史等职。唐高宗时,任礼部侍郎兼弘文馆学士、太常卿、国子祭酒兼授崇贤馆学士,卒谥"宪"。尝奉诏主持编修《周书》《太宗实录》《高宗实录》等,参修《武德贞观两朝史》《大唐仪礼》《大唐氏族志》《艺文类聚》等,有集三十卷。今存《周书》《艺文类聚》,《全唐文》卷一三七录存其文五篇,《全唐诗》录存其诗一首。

3. 李义府卒

李义府(614—666),字号不详,瀛州饶阳(今河北饶阳)人,唐初学者。贞观中,历任监察御史、太子舍人等职,与来济俱以文翰显,时称"来李"。高宗时,累官吏部尚书,后以罪流于巂州,卒年五十三。尝参修《晋书》《永

① 《旧唐书》,中华书局 1975 年版,第 90 页。

徽五礼》《姓氏录》《东殿新书》《累璧》,撰《宦游记》二十卷,另有集四十卷,已佚。《全唐文》卷一五三、《唐文续拾》卷二录存其文四篇,《全唐诗》录存其诗八首。

乾封二年　公元 667 年

1. 王勃撰成《平台秘略》十篇

《新唐书·王勃传》载:"(王勃)年未及冠,授朝散郎,数献颂阙下。沛王闻其名,召署府修撰,论次《平台秘略》。书成,王爱重之。"①

按:《全唐文》卷一八二录存《平台秘略》十篇。

2. 张说生

张说(667—730),字道济,一字说之,河南洛阳人。擅长文学,为文俊丽精壮,思维缜密,尤长于碑文、墓志,掌文学之任凡三十年。历武周、中宗、睿宗、玄宗四朝,平定祸乱,知人善任,一生三次拜相,可谓文武兼备,才冠一代。开元十八年十二月逝世,时年六十四,追赠太师,谥号"文贞"。张说著述很多,主持或参与编修了《三教珠英》《开元五礼仪注》《大唐六典》等若干大型典籍。②

---

① 《新唐书》,中华书局 1975 年版,第 5739 页。
② 《旧唐书》,中华书局 1975 年版,第 3057 页。

唐高宗总章二年　公元 669 年

1. 王义方卒

王义方（615—669），字号不详，泗州涟水人，唐初学者。自幼丧父，家庭贫困，淹究经术，矕特不凡。曾任晋王府参军、值弘文馆、太子校书等职。贞观中因张亮被诛，受牵连贬为儋州吉安县丞。显庆元年升任侍御史，又因弹劾权臣李义府被贬莱州司户参军。著有《笔海》十卷，另有集十卷，已佚。《全唐文》卷一六一录存其文三篇。

总章三年/唐高宗咸亨元年　公元 670 年

1. 元兢约是年编成《古今诗人秀句》两卷

《文镜秘府论·集论》引兢曰："余以龙朔元年为周王府参军,与文学刘祎之、典签范履冰。时东阁已建,期竟撰成此录。王家书既多缺,私室集更难求,所以遂历十年,未终两卷。今剪《芳林要览》,讨论诸集,人欲天从,果谐宿志。常与诸学士览小谢诗,见《和宋记室省中》,诠其秀句……余于是以情绪为先,直置为本;以物色留后,绮错为末。助之以质气,润之以流华,穷之以形似,开之以振跃。或事理俱惬,词调双举。有一于此,罔或孑遗。时历十代,人将四百,自古诗为始,至上官仪为终。刊定已详,缮写斯毕。"①据此可知,此书始编于龙朔元年,历经十年之久,约至本年而止。

---

① 遍照金刚撰,卢盛江校笺:《文镜秘府论校笺》,中华书局 2019 年版,第 460—461 页。

咸亨二年 公元671年

1.孙处约卒

孙处约(603—671),字道茂,汝州郏城(今河南郏县)人,唐初学者。贞观中,为齐王祐记室。祐既诛,累转中书舍人,后迁中书侍郎,显庆中,拜少司成,以年老致仕,寻卒。尝参修《周书》《太宗实录》《文馆词林》,另有集三十卷,已佚。《全唐文》卷一六八录存其文一篇。

咸亨三年　公元 672 年

1. 许敬宗卒

　　许敬宗(592—672),字延族,杭州新城人,唐初学者。隋大业中第秀才,贞观中为著作郎,兼修国史。高宗时为礼部尚书,历任侍中、中书令、右相,卒谥"缪"。尝参修《五代史志》《高祖实录》《太宗实录》《晋书》《文思博要》《大唐仪礼》等,主持编修《东殿新书》二百卷、《文馆词林》一千卷、《芳林要览》三百卷、《累璧》四百卷等,另有集八十卷,已佚。《全唐文》卷一五一至一五二编其文为两卷,《全唐诗》卷三五录存其诗二十七首。

咸亨四年　公元 673 年

1. 阎立本卒

阎立本(601—673),字号不详,雍州万年(今陕西临潼)人,隋朝画家阎毗之子,唐初著名画家。贞观中历任主爵郎中、刑部侍郎、将作少监,显庆初升工部尚书,总章元年加右丞相,卒谥"文贞"。善画人物、车马、台阁,尤擅长肖像画与历史人物画,传世名作有《步辇图》《历代帝王图》。《全唐文卷》一五三录存其文一篇,《全唐诗》卷三九录存其诗一首。

2. 李淳风卒

李淳风(602—673),字号不详,岐州雍(今陕西宝鸡岐山)人,唐初天文学家、数学家、学者,精通天文、历算、阴阳之说。仕唐历任秦王府记室参军、太史局将仕郎、承务郎、太常博士、秘阁郎中、太史令等。尝制作黄道浑天仪、造《麟德历》,参修《晋书》《五代史志》《集注阴符经》《文思博要》等,注祖冲之《缀术》、王孝通《缉古算术》、颜之推《稽圣赋》,著有《法象占》七卷、《己巳占》十卷、《黄极历》一卷、《河西甲寅元历》一卷、《悬镜》十卷、《释周髀》两卷、《注周髀算经》两卷等,已佚。《全唐文》卷一五、《全唐文拾遗》卷一六录存其文七篇,《全唐诗》卷七七三录存其诗一首。

咸亨五年/唐高宗上元元年　公元674年

1. 王勃刊定王通《续书》,勒成二十五卷

贞观初,王通弟王凝重新编次《续六经》(参见贞观元年王凝条),王福畤与王勃父子继续整理王通遗著。"始自总章二年,洎乎咸亨五年,刊写文就,定成百二十篇,勒成二十五卷。"①

2. 殷践猷生

《全唐文·颜真卿·曹州司法参军秘书省丽正殿二学士殷君墓碣铭》卷三四四曰:"开元九年秋七月九日,有叔父临黄尉子元之丧,哀恸呕血,终于京师通化坊之私第。……年才四十八。"②由开元九年(721)倒推,可知殷践猷生于本年。

3. 有司依文宣王庙为武成王置庙

《唐会要·武成王庙》卷二十三:"上元元年闰四月十九日敕文,定祸乱者,必先于武德,拯生灵者,谅在于师贞。昔周武创业,克宁区夏,惟师尚父,实佐兴王。况德有可师,义当禁暴,稽诸古昔。爰崇典礼,其太公望可追封为武成王。有司依文宣王置庙,仍委中书门下,择古今名将,准文宣王置亚圣及十哲等,享祭之典,一同文宣王。"③

---

① 王勃《续书序》,载《全唐文》,中华书局1983年版,第1834页。
② 《全唐文》,中华书局1983年版,第3497—3498页。
③ 《唐会要》,中华书局1955年版,第435页。

上元三年/唐高宗仪凤元年　公元676年

1. 王勃卒

　　王勃(650—676),字子安,绛州龙门(今山西河津)人,王通之孙,初唐诗人、文学家。王勃与杨炯、卢照邻、骆宾王齐名,合称"初唐四杰"。麟德初,由司刑太常伯刘祥道向朝廷表荐,对策高第,授朝散郎。乾封初,为沛王李贤王府侍读。咸亨三年,补虢州参军,坐事除名。后前往交趾探望其父,溺海惊悸而死。著有《汉书指瑕》十卷、《次论语》十卷、《舟中纂序》五卷、《周易发挥》五卷。王勃的文集,较早的有二十卷、三十卷、二十七卷三种本子,皆不传。现有明崇祯中张燮搜辑汇编的《王子安集》十六卷;清同治蒋清翊著《王子安集笺注》,分为二十卷。《全唐文》卷一七七至一八五编其文为九卷,《全唐诗》卷五五至五六编其诗为两卷。

唐高宗永淳二年/唐高宗弘道元年
公元 683 年

1. 卢照邻约是年或稍后卒

卢照邻(约 630—约 683),字升之,自号幽忧子,幽州范阳人,初唐诗人,与王勃、杨炯、骆宾王齐名,并称"初唐四杰"。出身望族,尝师从曹宪、王义方,博学能文。永徽中授邓王府典签。后历新都尉,因染风疾而去官,隐居太白山中,后因病自杀。其生卒年史无明载,后人有多种说法。有集二十卷,已散佚,今存其集有《卢升之集》和明张燮辑注《幽忧子集》,均为七卷,后者有《四部丛刊》影印本,中华书局 1980 年排印本题为《卢照邻集》。全唐文卷一六六至一六七编其文为两卷,《全唐诗》卷四一至四二编其诗为两卷。

按:卢照龄生卒年历来歧说纷陈(生年参见贞观四年条)。李云逸《关于卢照邻生平的若干问题》(西北大学学报 1988 年第 2 期)以为卒年在永淳元年前后,傅璇琮主编的《唐五代文学编年史》认为卒于本年或稍后。

唐中宗嗣圣元年/唐睿宗文明元年 武则天光宅元年 公元684年

1. 骆宾王卒

骆宾王(约623—约684),字观光,婺州义乌人,初唐诗人、文学家,与王勃、杨炯、卢照邻合称"初唐四杰"。初为道王府属,历武功主簿,又调长安主簿。后随徐敬业起兵讨伐武则天,骆宾王代他作《讨武氏檄》。徐敬业兵败,骆宾王下落不明,或说为乱军所杀,或说遁入空门。郗云卿辑其诗文为十卷,已佚。后人重辑其文集,有清人陈熙晋《骆临海集笺注》最为完善。《全唐文》卷一九七至一九九编其文为三卷。

按:骆宾王卒年历有歧说:《旧唐书》本传、《资治通鉴》卷二○三、《朝野佥载》谓其兵败而死,郗云卿《骆宾王文集序》谓其兵败后逃遁,唐孟棨谓其出家为僧。因徐敬业于本年败亡,姑系于此。

武则天垂拱三年　公元 687 年

1.孙过庭撰成《书谱》两卷

　　《全唐文·孙虔礼·书谱》卷二〇二曰:"自汉魏以来,论书者多矣,妍蚩杂糅,条目纠纷。或重述旧章,了不殊于既往;或苟兴新说,竟无益于将来。徒使繁者弥繁,阙者仍阙。今撰为六篇,分成两卷,第其工用,名曰《书谱》。庶使一家后进,奉以规模;四海知音,或存观省。缄秘之旨,余无取焉。"①可知此书成于本年。一说该书撰成于垂拱二年。

---

① 《全唐文》,中华书局 1983 年版,第 2047 页。

武则天永昌元年/载初元年　公元689年

1. 李善卒

　　李善,生年、字号不详,江都人,唐初知名学者。先后历任录事参军、秘书郎、崇贤馆直学士兼沛王侍读、泾城令。曾因事流姚州,遇赦还,以讲授《文选》为业。撰有《文选注》六十卷,又有《汉书辩惑》三十卷,已佚。

周天授元年　公元690年

1. 武则天追封周公为褒德王,孔子为隆道公

《新唐书》卷四《则天皇后纪》、卷一五《礼乐志》载此事于本年,《旧唐书》卷二四《礼仪志四》载此事于天授三年,此从前者。

周长寿三年 公元694年

1. 杨炯约是年卒

杨炯（650—约694），字号不详，华阴人，初唐诗人，"初唐四杰"之一，自幼好学，博涉经传。唐高宗显庆四年应神童试登第，待制弘文馆。上元三年，再应制举试及第，补授校书郎，累转太子詹事府司直兼崇文馆学士，坐事贬为梓州司法参军，天授元年回洛阳，再出为盈川令。著有《盈川集》三十卷，本已散佚，明万历中童佩从诸书裒集，诠次成编，成十卷，并以本传及赠答之文、评论之语别为附录一卷，崇祯间张燮重辑为十三卷。《全唐文》卷一九〇至一九六编其文为七卷，《全唐诗》卷五〇编其诗为一卷。

周圣历三年/久视元年　公元 700 年

1. 陈子昂约卒于是年

陈子昂(约 659—约 700),字伯玉,梓州射洪人,初唐文学家、诗人。因曾任右拾遗,后世称陈拾遗。青年时轻财好施,慷慨任侠。后上书论政,得到武后重视,授麟台正字,累迁右拾遗。仕途不顺,两次从军边塞,郁郁不得志。辞官还乡,后被县令段简迫害,冤死狱中,时年四十二岁。著有《陈拾遗集》十卷,《全唐文》卷二〇九至二一六编其文为八卷,《全唐诗》卷八三至八四编其诗为两卷。

按:详见彭庆生《陈子昂年谱》、吴明贤《陈子昂生卒年辨》(《四川师范学院学报》1981 年第 2 期)。

2. 狄仁杰卒

狄仁杰(630—700),字怀英,并州太原人,唐代武周时期名臣。早年以明经及第,武则天时期,数次拜相。狄仁杰敢于犯颜直谏,多次面引廷争,而武则天“每屈意从之”。他举荐了一批优秀人才,如张柬之、桓彦范、敬晖、窦怀贞、姚崇等。久视元年进拜内史,于同年九月病逝,追赠文昌右相,谥“文惠”。有集十卷,已佚。《全唐文》卷一六九存其文九篇,《全唐诗》存其诗一首。

周久视二年/大足元年/长安元年　公元701年

1.李白约生于是年

李阳冰《唐李翰林草堂集序》曰:"阳冰试弦歌于当涂,心非所好,公遐不弃我,扁舟而相顾。临当挂冠,公又疾亟。草稿万卷,手集未修。枕上授简,俾余为序。论《关雎》之义,始愧卜商;明《春秋》之辞,终惭杜预。自中原有事,公避地八年;当时著述,十丧其九,今所存者,皆得之它人焉。时宝应元年十一月乙酉也。"①据此,李白卒于宝应元年(762),享年六十二,推知当生于本年前后。

①　《全唐文》,中华书局1983年版,第4460—4461页。

周长安二年　公元 702 年

1. 王方庆卒

王方庆（？—702），生年不详，名綝，以字行，雍州咸阳人，唐初学者、书法家。博学多闻，著书二百余篇，尤精《三礼》，书法也颇有建树。因献给武则天其祖先王导、王献之、王僧绰等二十八人作品而"朝野荣之"，武后令崔融作序，名为《宝章集》，共十卷。历任凤阁侍郎、太子左庶子等职，卒赠兖州都督，谥曰"贞"。王方庆著述数百卷，有《王氏八体书范》四卷、《王氏工书状》十五卷、《南宫故事》十二卷、《王氏尚书传》十五卷、《尚书考功簿》五卷、《尚书考功尚绩簿》十卷、《尚书科配簿》五卷、《古今仪集》五十卷、《王氏家牒》十五卷、《王氏家谱》二十卷、《谏林》二十卷、《神仙后传》十卷、《续世说新语》十卷、《药性要诀》五卷、《新本草》四十一卷、《魏文贞故事》十卷。《新唐书》本传谓其"家聚书多，不减秘府，图画皆异本。方庆殁后，诸子不能业，随皆散亡"。

周长安三年　公元703年

1. 王元感著成《尚书纠谬》《春秋振滞》《礼记绳愆》表上

《旧唐书·儒学下·王元感传》卷一百八十九下曰："长安三年,表上其所撰《尚书纠谬》十卷、《春秋振滞》二十卷、《礼记绳愆》三十卷,并所注《孝经》《史记》稿草,请官给纸笔,写上秘书阁。诏令弘文、崇贤两馆学士及成均博士详其可否。学士祝钦明、郭山恽、李宪等皆专守先儒章句,深讥元感捃摭旧义,元感随方应答,竟不之屈。凤阁舍人魏知古、司封郎中徐坚、左史刘知几、右史张思敬,雅好异闻,每为元感申理其义,连表荐之。寻下诏曰:'王元感质性温敏,博闻强记,手不释卷,老而弥笃。捃前达之失,究先圣之旨,是谓儒宗,不可多得。可太子司议郎,兼崇贤馆学士。'魏知古尝称其所撰书曰:'信可谓《五经》之指南也。'"[1]

---

① 《旧唐书》,中华书局1975年版,第4963页。

唐中宗神龙元年　公元 705 年

1. 王元感约是年或稍后卒

王元感(？—约705)，生年、字号不详，濮州鄄城人，唐初经学家。高宗时擢明经高第，历任博城县丞、左卫卒府录事，兼弘文馆直学士、四门博士。长安三年，武则天下诏褒美，称其为儒宗，并拜为太子司议郎兼崇贤馆学士。中宗即位后，加朝散大夫，寻卒。著有《尚书纠谬》十卷、《春秋振滞》二十卷、《礼记绳愆》三十卷，并注有《孝经》《史记》等，皆佚。

按：《旧唐书·儒学下·王元感传》卷一百八十九下曰："中宗即位，以春宫旧僚，进加朝散大夫，拜崇贤馆学士。寻卒。"①据此可知，王元感于本年或稍后卒。

---

① 《旧唐书》，中华书局 1975 年版，第 4963 页。

神龙二年　公元 706 年

1. 魏元忠等撰成《则天实录》二十卷

《唐会要·修国史》卷六十三曰："神龙二年五月九日，左散骑常侍武三思、中书令魏元忠、礼部尚书祝钦明及史官太常少卿徐彦伯、秘书少监柳冲、国子司业崔融、中书舍人岑羲、徐坚等，修《则天实录》二十卷。"[①]

《旧唐书·吴兢传》卷一百二曰："神龙中，迁右补阙，与韦承庆、崔融、刘子玄撰《则天实录》成，转起居郎。"[②]

---

① 《唐会要》，中华书局 1955 年版，第 1094 页。
② 《旧唐书》，中华书局 1955 年版，第 3182 页。

神龙三年/唐中宗景龙元年　公元707年

1. 韦叔夏是年或稍后卒

韦叔夏(？—约707)，生年、字号不详，京兆万年人，唐初学者。精通《三礼》，举明经，累除太常博士。历任春官员外郎、成均司业、太常少卿、国子祭酒等职，累封沛国郡公，赠兖州都督、修文馆学士，谥曰"文"。撰有《五礼要记》三十卷，已佚。

按：《旧唐书·儒学下·韦叔夏传》卷一百八十九下曰："三年，拜国子祭酒。累封沛国郡公。卒时年七十余。"[①]据此可知，其卒于本年或稍后。

---

① 《旧唐书》，中华书局1955年版，第4965页。

景龙二年　公元 708 年

1. 杜审言卒

　　杜审言(约 648—708),字必简,襄州襄阳人,杜甫之祖父,诗人。唐高宗咸亨中登进士第,历任隰城尉、洛阳丞等小官,累官修文馆直学士。与李峤、崔融、苏味道合称"文章四友",号"崔李苏杜"。有集十卷,已佚。《全唐诗》卷六二编其诗为一卷。

景龙三年　公元 709 年

1. 元行冲撰成《魏典》三十卷

《唐会要·史馆上·修前代史》卷六十三曰："景龙三年十二月,太常少卿元行冲,以本族出于后魏,未有编年之文,乃撰《魏典》三十卷。"[1]

《旧唐书·元行冲传》卷一百二曰："行冲以本族出于后魏,而未有编年之史,乃撰《魏典》三十卷,事详文简,为学者所称。"[2]

按:两书所载大同小异,据此可知,《魏典》撰成于本年十二月前。此书已佚。

2. 颜真卿生

颜真卿生年有三种说法:第一种是依据《旧唐书》卷一二八本传,谓其卒于兴元元年,年七十七,以此推溯,当生于景龙二年。第二种是依据《全唐文》卷五一四殷亮《颜鲁公行状》,谓其贞元元年卒,年七十七,以此推溯,当生于本年。第三种是依照《全唐文》卷三九四令狐峘《光禄大夫太子太师上柱国鲁郡开国公颜真卿墓志铭》谓其贞元初卒,年七十六,以此推溯,当生于景龙四年。今从《行状》。

① 《唐会要》,中华书局 1955 年版,第 1092 页。
② 《旧唐书》,中华书局 1975 版,第 3177 页。

景龙四年/唐睿宗景云元年　公元710年

1. 刘知几著成《史通》二十卷

《全唐文·刘子玄·史通序录》卷二七四曰："长安二年,余以著作佐郎兼修国史,寻迁左史,于门下撰起居注。会转中书舍人,暂停史任,俄兼领其职。今上即位,除著作郎太子中允率更令,其修史皆如故。……尝以载削余暇,商榷史篇,下笔不休,遂盈筐箧。于是区分类聚,编而次之。昔汉世诸儒,集论经传,定之于白虎阁,因名曰《白虎通》。予既在史馆而成此书,故便以《史通》为目。且汉求司马迁后封为史通子,是知史之称通,其来自久。博采众议,爰定兹名。凡为廿卷,列之如左,合若干言。于时岁次庚戌景龙四年仲春之月也。"①据此可知,刘知几写作《史通》,始于长安二年,成于本年。

2 祝钦明是年或稍后卒

祝钦明(?—约710),字文思,京兆始平人,唐初学者。明经登第,累迁太子率更令,兼崇文馆学士。中宗在春宫时,钦明充侍读,及其即位,擢拜国子祭酒、同中书门下三品,历刑部、礼部二尚书。景云初,被弹劾而贬为饶州刺史,后入为崇文馆学士,寻卒,故其当卒于本年或稍后。尝参修《则天皇后实录》,《全唐文》卷二三七录存其文四篇,《全唐诗》卷九四录存其诗一首。

---

① 《全唐文》,中华书局1983年版,第2789页。

唐睿宗太极元年/延和元年
唐玄宗先天元年　公元712年

1. 诏令本州修饰孔宣父祠庙

《旧唐书·礼仪志四》卷二十四:"太极元年正月,诏:孔宣父祠庙,令本州修饰,取侧近三十户以供洒扫。"[①]

2. 追赠颜回为太子太师,曾参为太子太保

《旧唐书·睿宗纪》卷七:二月"丁亥,皇太子释奠于国学。追赠颜回为太子太师,曾参为太子太保。每年春秋释奠,以四科弟子、曾参从祀,列于二十二贤之上"[②]。

《唐会要·褒崇先圣》卷三十五:"至太极元年二月十六日,追赠颜回为太子太师,曾参为太子太保,并配享孔子庙。"[③]

3. 宣劳使所举诸科九人

《唐会要·制科举》卷七十六:"先天二年,文经邦国科,韩休及第。藻思清华科,赵冬曦及第。寄以宣风则能兴化变俗科,郭璘之及第。道侔伊吕科,张九龄及第。手笔俊拔超越流辈科,杜昱、张子渐、张秀明、常无咎、

---

① 《旧唐书》,中华书局1975年版,第919页。
② 《旧唐书》,中华书局1975年版,第159页。
③ 《唐会要》,中华书局1955年版,第637页。

赵居正、贾登、邢巨及第。"①

4.《太极格》十卷删定

《新唐书·艺文志二》卷五十八:"《太极格》十卷,户部尚书同中书门下三品岑羲、中书侍郎同中书门下三品陆象先、右散骑常侍徐坚、右司郎中唐绍、刑部员外郎邵知新、大理寺丞陈义海、评事张名播、右卫长史张处斌、左卫率府仓曹参军罗思贞、刑部主事阎义颛等删定,太极元年上。"②

按:《太极格》是禁令形式的法律法规条文,是律的补充和变通。

5. 令京文武官及朝集使五品以上,举堪充将帅者一人

《册府元龟·帝王部·求贤第二》卷六十八:"玄宗先天元年十二月,制曰:将帅之任,军国斯重,御侮干城,良才是急。顷武臣多阙,戎政莫修,聆鼓鼙以载怀,筮熊罴而未遇。古今一也,何代无人,南仲方叔之俦,亦在用之而已。宜令京文武官及朝集使五品以上,方举堪充将帅者一人。明扬幽侧,无限年位,务求实用,以副予怀。"③

6. 杜甫生

杜甫(712—770),字子美,自号少陵野老,世又称杜工部、杜拾遗,亦称杜少陵、杜草堂,祖籍襄阳(今湖北襄樊),生于巩县(今属河南)。盛唐著名诗人,其人被誉为"诗圣",其诗被誉为"诗史",与李白齐名,号为"李杜"。

7. 平贞眘卒

平贞眘(633—712),讳贞,字密,一字间从,蓟(今属天津)人。始以司

---

① 《唐会要》,中华书局 1955 年版,第 1387 页。
② 《新唐书》,中华书局 1975 年版,第 1496 页。
③ 《册府元龟》,中华书局 1960 年版,第 761 页。

成馆进士补卢州慎县尉,刺史卢宝允举器藏下僚,转冀州大都督府曲沃县尉,换晋州洪洞县主簿。后擢监察御史里行,奉使黔中监选,授监察御史。累拜右肃政殿中侍御史、司门郎中兼卫王司马、常州刺史等。先天元年仲冬,薨于河南之正平里第,享年八十。撰有《淳孝》《友悌》传各一篇,《先君亲友传》十卷,《家谱》《家志》各十卷,《河南巡察记》十卷,另有文集十卷行于代。

唐玄宗先天二年/唐玄宗开元元年
公元713年

1. 诏诸州有抱器怀才不求闻达者,命所在长官,访名奏闻

　　《册府元龟·帝王部·求贤第二》卷六十八:"二年六月,诏曰:致化之道,必于求贤,得人之要,在于征实。顷虽屡存贲帛,无辍翘车,而骏骨空珍,真龙罕觏。岂才之难遇,将举或未精,且人匪易知,取不求备。瑰琦失于俗誉,韬晦叹于后时。宜其博询州里,明扬幽侧,使管库无遗,蒿轴或举。其诸州有抱器怀才不求闻达者,命所在长官,访名奏闻。武勇者具言谋略,文学者指陈艺业,务求实用,以副予怀。"①

---

① 《册府元龟》,中华书局1960年版,第761页。

开元二年　公元 714 年

1. 张廷珪、袁楚客上疏：宜崇经术，迩端士，尚朴素，以悦郑声、好游猎为戒

《资治通鉴·唐纪二十七》卷二一一："旧制，雅俗之乐，皆隶太常。上精晓音律，以太常礼乐之司，不应典倡优杂伎，乃更置左右教坊以教俗乐，命右骁卫将军范及为之使。又选乐工数百人，自教法曲于梨园，谓之'皇帝梨园弟子'。又教宫女使习之。又选伎女，置宜春院，给赐其家。礼部侍郎张廷珪、酸枣尉袁楚客皆上疏，以为：'上春秋鼎盛，宜崇经术，迩端士，尚朴素；深以悦郑声、好游猎为戒。'上虽不能用，咸嘉赏之。"①

2. 诏举实才

《全唐文·玄宗皇帝·令举实才诏》卷二六："自顷州里所荐，公卿之绪，门人众矣。孰嗣子音，国胄禹然，未臻吾道，至使钻仰之地，寂寥厥风。贵于责实，务于求仕，将去圣滋远，尚沿浇薄，为敦儒未宏，不行劝沮。朕承百王之末，居四海之尊，惟怀永图，思革前弊。何以发后生之智虑，垂先王之法则，朕甚惧之，敢忘于是。天下有业擅专门，学优重席，堪师授者，所在具以名闻。自今以后，贡举人等，宜加勖勉，须获实才。如有义疏未详，习读未遍，辄充举送，以希侥幸，所由官并置彝宪，有司更申明条例，称朕意焉。"②

---

① 《资治通鉴》，中华书局 1956 年版，第 6694—6695 页。
② 《全唐文》，中华书局 1983 年版，第 299 页。

3.令有茂才者自举

《册府元龟·帝王部·求贤二》卷六八:"开元二年六月甲子,制:其有茂才异等,拔萃超群,缘无绍介,久不闻达者,咸令自举。"[①]

4.诏节制厚葬奢靡之风

《旧唐书·玄宗纪》卷八:二年九月甲寅,制曰:"自古帝王皆以厚葬为诫,以其无益亡者,有损生业故也。近代以来,共行奢靡,递相仿效,浸成风俗,既竭家产,多至凋弊。然则魂魄归天,明精诚之已远;卜宅于地,盖思慕之所存。古者不封,未为非达。且墓为真宅,自便有房,今乃别造田园,名为下帐,又冥器等物,皆竞骄侈。失礼违令,殊非所宜;戮尸暴骸,实由于此。承前虽有约束,所司曾不申明,丧葬之家,无所依准。宜令所司据品令高下,明为节制:冥器等物,仍定色数及长短大小;园宅下帐,并宜禁绝;坟墓茔域,务遵简俭;凡诸送终之具,并不得以金银为饰。如有违者,先决杖一百。州县长官不能举察,并贬授远官。"[②]

---

① 《册府元龟》,中华书局 1960 年版,第 761 页。
② 《旧唐书》,中华书局 1975 年版,第 174 页。

开元三年　公元 715 年

1. 诏选耆儒博学一人，每日入内侍读

《旧唐书·玄宗纪》卷八："(三年)冬十月甲寅，制曰：'朕听政之暇，常览史籍，事关理道，实所留心，中有阙疑，时须质问。宜选耆儒博学一人，每日入内侍读。'以光禄卿马怀素为左散骑常侍，与右散骑常侍褚无量并充侍读。"[①]

2. 诏有贤才不能自达者，具以名闻

《册府元龟·帝王部·求贤二》卷六八："三年十月，诏曰：有怀才抱器，沉沦草泽，不能自达者，具以名闻。"[②]

3. 令褚无量、马怀素整理内库坟籍

《旧唐书·经籍志上》卷四十六："开元三年，左散骑常侍褚无量、马怀素侍宴，言及经籍。玄宗曰：'内库皆是太宗、高宗先代旧书，常令宫人主掌，所有残缺，未遑补缉，篇卷错乱，难于检阅。卿试为朕整比之。'"[③]

① 《旧唐书》，中华书局 1975 年版，第 175 页。
② 《册府元龟》，中华书局 1960 年版，第 761 页。
③ 《旧唐书》，中华书局 1975 年版，第 1962 页。

4.《开元前格》十卷删定

《新唐书·艺文志二》卷五十八:"《开元前格》十卷,兵部尚书兼紫微令姚崇、黄门监卢怀慎、紫微侍郎兼刑部尚书李乂、紫微侍郎苏颋、舍人吕延祚、给事中魏奉古、大理评事高智静、韩城县丞侯郢珽、瀛州司法参军阎义颛等奉诏删定,开元三年上。"①

按:《开元前格》记载开元时期的法律禁令条文。

---

① 《新唐书》,中华书局 1975 年版,第 1496 页。

开元四年　公元 716 年

1. 令诸道按察使各巡本管内人访择贤才

《唐大诏令集·政事·按察下》卷一〇四《遣王志愔等各巡察本管内制》云:"诸道按察使、扬州都督宋琛、益州长史韦抗……宜令各巡本管内人,有清介独立,可以标映士林,或文理兼优,可以润益邦政者;百姓中有文儒异等,道极专门,或武力超伦,声侔敌国者,并精访择,具以名闻。"①末署"开元四年七月六日"。

2. 刘子玄、吴兢撰《睿宗实录》二十卷、《则天实录》三十卷、《中宗实录》二十卷成

《唐会要·修国史》卷六十三:"开元四年十一月十四日,修史官刘子玄、吴兢撰《睿宗实录》二十卷、《则天实录》三十卷、《中宗实录》二十卷成。以闻。"②

---

① 《唐大诏令集》,学林出版社 1992 年版,第 484—485 页。
② 《唐会要》,中华书局 1955 年版,第 1049 页。

开元五年　公元 717 年

1. 诏有嘉遁幽栖养高不仕者，州牧各以名荐

《旧唐书·玄宗纪上》卷八："二月甲戌……有嘉遁幽栖养高不仕者，州牧各以名荐。"①

2. 帝将幸东都而太庙坏，诸臣辩论

事见《资治通鉴》卷二百一十一《唐纪二十七》。

3. 诏存露寝之式，用罢辟雍之号

《旧唐书·玄宗纪上》卷八：五年"秋七月甲子，诏曰：'古者操皇纲执大象者，何尝不上稽天道，下顺人极，或变通以随时，爰损益以成务。且衢室创制，度堂以筵。因之以礼神，是光孝德；用之以布政，盖称视朔，先王所以厚人伦感天地者也。少阳有位，上帝斯歆，此则神贵于不黩，礼殷于至敬。今之明堂，俯邻宫掖，比之严祝，有异肃恭，苟非宪章，将何轨物？由是礼官博士公卿大臣广参群议，钦若前古，宜存露寝之式，用罢辟雍之号。可改为乾元殿，每临御依正殿礼。'"②

---

① 《旧唐书》，中华书局 1975 年版，第 177 页。
② 《旧唐书》，中华书局 1975 年版，第 178 页。

4. 诏令诸州乡贡明经、进士见讫，国子监谒先师

《唐会要·贡举中·缘举杂录》卷七十六："开元五年九月诏，诸州乡贡明经、进士见讫，宜令引就国子监谒先师。学官为之开讲，质问疑义，仍令所司优厚设食。两馆及监内得解举人，亦准此。其日，清官五品已上及朝集使并往观礼，即为常式。（谒先师自此始也。）"[1]

《册府元龟·帝王部·崇儒术二》卷五十："（五年）九月，诏曰：……其诸州乡贡明经、进士见讫，宜令引就国子监谒先师。学官为之开讲，质问疑义，仍令所司优厚设食。两馆及监府得举人，亦准此。其日朝请官五品以上及朝集使往观礼，即为常式。《易》曰：'学以聚之，问以辨之。'《诗》云：'如切如磋，如琢如磨。'此朕所望于贤才矣。"[2]

5. 诏马怀素、褚无量等搜访逸书，缮写刊校

《资治通鉴·唐纪二十七》卷二百一十一：开元五年十二月，"秘书监马怀素奏：'省中书散乱讹缺，请选学术之士二十人整比校补。'从之。于是搜访逸书，选吏缮写，命国子博士尹知章、桑泉尉韦述等二十人同刊正，以左散骑常侍褚无量为之使，于乾元殿前编校群书。"[3]

《旧唐书·褚无量传》卷一百二载："无量以内库旧书，自高宗代即藏在宫中，渐致遗逸，奏请缮写刊校，以弘经籍之道。玄宗令于东都乾元殿前施架排次，大加搜写，广采天下异本。数年间，四部充备，仍引公卿已下入殿前，令纵观焉。"[4]

---

① 《唐会要》，中华书局 1955 年版，第 1384 页。
② 《册府元龟》，中华书局 1960 年版，第 559 页。
③ 《资治通鉴》，中华书局 1956 年版，第 6730 页。
④ 《旧唐书》，中华书局 1975 年版，第 3167 页。

开元六年　公元718年

1. 马怀素卒

马怀素(659—718)，字惟白，润州丹徒人，博览经史，善属文。举进士，又登文学优赡科，拜郿尉，四迁左台监察御史。开元初，为户部侍郎，加银青光禄大夫，累封常山县公，三迁秘书监，兼昭文馆学士。曾与褚无量同为玄宗侍读。开元五年，诏拜怀素秘书监，召学涉之士国子博士尹知章等，刊正经史。开元六年七月廿七日，卒于河南之毓材里第，年六十，赠润州刺史，谥曰"文"。

开元七年　公元 719 年

1. 诏令诸儒整理《孝经》《尚书》注及《易传》

《唐会要·贡举下·论经义》卷七十七:"开元七年三月一日敕:《孝经》《尚书》,有古文本孔郑注,其中旨趣,颇多踳驳,精义妙理,若无所归。作业用心,复何所适? 宜令诸儒并访后进达解者,质定奏闻。其月六日,诏曰:《孝经》者,德教所先,自顷已来,独宗郑氏,孔氏遗旨,今则无闻。又子夏《易传》,近无习者,辅嗣注老子,亦甚甄明。诸家所传,互有得失,独据一说,能无短长。其令儒官详定所长,令明经者习读,若将理等,亦可并行。其作《易》者,并帖子夏《易传》,共写一部,亦详其可否奏闻。时议以为不可,遂停。"[1]

2. 刘子玄上《孝经注议》,主古文

《唐会要·贡举下·论经义》卷七十七:"(开元七年)四月七日,左庶子刘子玄上《孝经注议》曰:谨按今俗所行《孝经》,题曰郑氏注。爰自近古,皆云郑即康成,而魏晋之朝,无有此说。至晋穆帝永和十一年,及孝武帝太元元年,再聚群臣。其论经义,有荀昶者,撰集《孝经》诸说,始以郑氏为宗。自齐梁以来,多有异论。陆澄以为非玄所注,请不藏于秘省。王俭不依其请,遂得见传于时。魏齐则立于学官,著在律令。盖由肤俗无识,故致斯讹舛。然则《孝经》非玄所注,其验十有二条……凡此证验,易为考核。而世之学者,不觉其非。乘彼谬说,竞相推举。诸解不立学官。此注

---

① 《唐会要》,中华书局 1955 年版,第 1405—1406 页。

独行于世,观夫言语鄙陋,固不可示彼后来,传诸不朽。至如古文《孝经》孔传,本出孔氏壁中,语其详正,无俟商榷,而旷代亡逸,不复流行。"①

3.诏存继绝之典

《唐会要·贡举下·论经义》卷七十七:"(开元七年)五月五日,诏曰:间者诸儒所传,颇乖通议,敦孔学者,冀郑门之息灭;尚今文者,指古传为诬伪。岂朝廷并列书府,以广儒术之心乎?其河郑二家,可令依旧行用。王孔所注,传习者稀,宜存继绝之典,颇加奖饰。子夏传逸篇既广,前令帖《易》者停。"②

4.诏令缮写编录四部书

《唐会要》卷三十五:"至七年五月,降敕于秘书省、昭文馆、礼部、国子监、太常寺及诸司,并官及百姓等,就借缮写之。及整比四部书成,上令百姓官人入乾元殿东廊观书,无不惊骇。"③

5.诏有怀才抱器者,如有可采,具状奏闻

《册府元龟·帝王部·求贤第二》卷六十八:"七年五月,敕曰:诸投匦献书上策人,其中或有怀才抱器者不能自达,宜令理匦使料简,随事探赜,仍加考试,如有可采,具状奏闻。"④

6.敕好古皆依旧文

《旧唐书·玄宗纪》卷八:"八月癸丑,敕:'周公制礼,历代不刊;子夏为传,孔门所受。逮及诸家,或变例。与其改作,不如好古。诸服纪宜一

---

① 《唐会要》,中华书局 1955 年版,第 1406—1407 页。
② 《唐会要》,中华书局 1955 年版,第 1409—1410 页。
③ 《唐会要》,中华书局 1955 年版,第 657 页。
④ 《册府元龟》,中华书局 1960 年版,第 762 页。

依旧文。'"①

7. 敕令丽正殿写四库书

《唐会要·经籍》卷三十五:"七年九月敕,比来书籍缺亡,及多错乱,良由簿历不明,纲维失错,或须披阅,难可校寻。令丽正殿写四库书,各于本库每部为目录,其有与四库书名目不类者,依刘歆《七略》,排为《七志》。其经史子集及人文集,以时代为先后,以品秩为次第。其《三教珠英》既有缺落,宜依旧目,随文修补。"②

8. 诏贡举人灭《尚书》《论语》策,加试《老子》

《新唐书·选举志上》卷四十四:"七年,又令弘文、崇文、国子生季一朝参。及注《老子道德经》成,诏天下家藏其书,贡举人灭《尚书》《论语》策,而加试《老子》。又敕州县学生年二十五以下、八品子若庶人二十一以下通一经及未通经而聪悟有文辞、史学者,入四门学为俊士。即诸州贡举省试不第,愿入学者亦听。"③

① 《旧唐书》,中华书局 1975 年版,第 180 页。
② 《唐会要》,中华书局 1955 年版,第 644 页。
③ 《新唐书》,中华书局 1975 年版,第 1164 页。

开元八年 公元 720 年

1. 敕改颜回等十哲,宜为坐像从祀

《旧唐书·礼仪志四》卷二十四:"初,开元八年,国子司业李元瓘奏称:'先圣孔宣父庙,先师颜子配座,今其像立侍,配享合坐。十哲弟子,虽复列像庙堂,不预享祀。谨检祠令:何休、范宁等二十二贤,犹沾从祀,望请春秋释奠,列享在二十二贤之上。七十子,请准旧都监堂图形于壁,兼为立赞,庶敦劝儒风,光崇圣烈。曾参等道业可崇,独受经于夫子,望准二十二贤预飨。'敕改颜生等十哲为坐像,悉预从祀。曾参大孝,德冠同列,特为塑像,坐于十哲之次。图画七十子及二十二贤于庙壁上。以颜子亚圣,上亲为之赞,以书于石。闵损已下,令当朝文士分为之赞。"[1]

2. 玄宗亲策试应制举人于含元殿

又《旧唐书·玄宗纪上》卷八:"(九年夏四月)甲戌,上亲策试应制举人于含元殿,谓曰:'古有三道,今减二策。近无甲科,朕将存其上第,务收贤俊,用宁军国。'仍令有司设食。"[2]

3. 诏贡举人谒先师开讲

《册府元龟·帝王部·崇儒术二》卷五十:"(八年)十一月,诏贡举人

---

① 《旧唐书》,中华书局 1975 年版,第 919—920 页。
② 《旧唐书》,中华书局 1975 年版,第 182 页。

谒先师开讲,仍令朝集使及京官观礼。"①

4.诏张说兼修国史

《唐会要·在外修史》卷六十三:"开元八年十二月二十日诏:右羽林将军检校并州大都督府长史燕国公张说,多识前志,学于旧史。文成微婉,词润金石,可以昭振风雅,光扬轨训,可兼修国史,仍赍史本就并州随军修撰。"②

5.褚无量卒

褚无量(646—720),字弘度,杭州盐官(今海宁盐官镇)人。自幼励志好学,至长,尤精《三礼》及《史记》,举明经,累除国子博士。中宗景龙三年(709),迁国子司业,兼修文馆学士。睿宗太极元年(712),皇太子令无量讲《孝经》《礼记》,博而且辩,观者叹服,遂进授银青光禄大夫。玄宗即位,迁郯王傅,兼国子祭酒。寻以师傅恩迁左散骑常侍,仍兼国子祭酒,并封舒国公。尝奏请缮写刊校内库旧书,以弘经籍之道。开元八年(720)病卒,年七十五,赠礼部尚书,谥曰文。撰有《帝王纪录》三卷和《翼善记》,《全唐文》录其文四篇。

①　《册府元龟》,中华书局1960年版,第560页。
②　《唐会要》,中华书局1955年版,第1098页。

开元九年 公元721年

1. 诏精访甄收英贤

《册府元龟·帝王部·求贤二》卷六八:"九年正月,诏曰:……其两京中都,及天下诸州,官人百姓,有智合孙吴,可以运筹决胜;有勇齐贲育,可以斩将搴旗;或坐镇行军,足拟万人之敌;或临戎却寇,堪为一堡之雄:各听自举,务通其实。仍令州县,具以名进,所司遣立限期,随表赴集。朕当亲试,不次用之。其有身充见在诸军统押者,但录所能,奏闻未须赴集。"①

2. 令在京五品以上清官及诸州刺史及四府上佐, 各举县令一人

《册府元龟·帝王部·求贤二》卷六八:"(九年)四月,敕曰:户口安存,在于抚育,移风易俗,莫先令长。知人不易,此选良难,专委吏曹,或未精审。宜令在京五品以上清官及诸州刺史及四府上佐,各举县令一人,并限敕到十日内,京官封状进,外官附状奏。所举人得官以来,一任之中,能有善政,及不称所举,其举主应须褒贬。"②

---

① 《册府元龟》,中华书局1960年版,第762页。
② 《册府元龟》,中华书局1960年版,第762页。

3.《群书四部录》二百卷修成

《唐会要·修撰》卷三十六:"九年十一月十三日,左散骑常侍元行冲上《群书四部录》二百卷,藏之内府。凡二千六百五十五部,四万八千一百六十九卷,分为经、史、子、集四部。经库是殷践猷、王恢编,史库韦述、余钦,子库毋照、刘彦直,集库王湾、刘仲,其序例,韦述撰。其后毋照又略为四十卷,为《古今书录》。"①

《旧唐书·经籍志上》卷四十六:"九年十一月,殷践猷、王惬、韦述、余钦、毋煛、刘彦真、王湾、刘仲等重修成《群书四部录》二百卷,右散骑常侍元行冲奏上之。自后毋煛又略为四十卷,名为《古今书录》,大凡五万一千八百五十二卷。禄山之乱,两都覆没,乾元旧籍,亡散殆尽。肃宗、代宗崇重儒术,屡诏购募。文宗时,郑覃侍讲禁中,以经籍道丧,屡以为言。诏令秘阁搜访遗文,日令添写。"②

《旧唐书·韦述传》卷一百二:"开元五年,为栎阳尉。秘书监马怀素受诏编次图书,乃奏用左散骑常侍元行冲、左庶子齐浣、秘书少监王珣、卫尉少卿吴兢并述等二十六人,同于秘阁详录四部书。怀素寻卒,行冲代掌其事,五年而成,其总目二百卷。"③

按:《群书四部录》又称《开元群书四部录》《群书四录》,是一部重要的朝廷藏书目录。开元三年,褚无量、马怀素侍宴,言及经籍。因浩瀚书籍篇卷残缺错乱,玄宗遂令褚无量、马怀素整理内库坟籍。开元五年,马怀素、褚无量等搜访逸书,开始缮写刊校。因马怀素于开元六年逝世,开元七年,元行冲代替马氏主持编撰工作。历时三年,于开元九年编成《群书四部录》二百卷,序例一卷,共收载唐内府图书二千六百五十五部,四万八千一百六十九卷,藏于内府。

---

① 《唐会要》,中华书局 1955 年版,第 658 页。
② 《旧唐书》,中华书局 1975 年版,第 1962 页。
③ 《旧唐书》,中华书局 1975 年版,第 3183 页。

4. 刘知几卒

刘知几(661—721),字子玄,名知几,通览群史,弱冠举进士,授获嘉主簿。长安中累迁左史,兼修国史,擢拜凤阁舍人,修史如故。景龙初,再转太子中允。景云中,累迁太子左庶子,兼崇文馆学士,仍修国史,加银青光禄大夫。开元初,迁左散骑常侍,修史如故。开元九年,贬授安州都督府别驾,无几而卒,年六十一。后数年,追赠汲郡太守,寻又赠工部尚书,谥曰"文"。修有《三教珠英》《武后实录》《文馆词林》《姓族系录》《唐书实录》等,撰有《史通》二十卷、《刘氏家史》十五卷及《刘氏谱考》三卷。

开元十年　公元 722 年

1. 玄宗注《孝经》，颁于天下

《旧唐书·玄宗纪上》卷八："六月辛丑，上训注《孝经》，颁于天下。"①

《唐会要·修撰》卷三十六："十年六月二日，上注《孝经》，颁于天下及国子学。"②

---

① 《旧唐书》，中华书局 1975 年版，第 183 页。

② 《唐会要》，中华书局 1955 年版，第 658 页。

开元十一年　公元 723 年

1. 令各地长官名荐抱器怀才者

《册府元龟·帝王部·求贤二》卷六八:"(十一年)十一月,南郊礼毕,敕制:其有抱器怀才,不求闻达,长官具以名荐。"①

---

① 《册府元龟》,中华书局 1960 年版,第 762 页。

开元十三年　公元 725 年

1. 玄宗封东岳礼毕，幸孔子宅，亲设奠祭

　　《册府元龟·帝王部·崇儒术第二》卷五十："十三年十一月，封东岳礼毕，幸孔子宅，亲设奠祭。诏曰：孔宣父诞圣自天，垂范百代，作王者之师表，开生人之耳目。朕增封岱岳，回銮泗滨，思阙里之风，想雩坛之咏，邈矣遗烈，慨然永怀，式遵祀典，用申诚敬。宜令礼部尚书苏颋，以太牢致祭。仍令州县以时祀享，复近墓五户，长供扫除。"[1]

　　《旧唐书·玄宗上》卷八："（十一月）丙申，幸孔子宅，亲设奠祭。十二月己巳，至东都。"[2]

---

① 《册府元龟》，中华书局 1960 年版，第 560 页。

② 《旧唐书》，中华书局 1975 年版，第 189 页。

开元十四年　公元 726 年

1. 有精于经史，道德可遵，工于著述，文质兼美，宜令本司本州长官，指陈艺业，录状奏闻

《册府元龟·帝王部·求贤第二》卷六十八："十四年六月，敕曰：……天下官人百姓，有精于经史，道德可遵，工于著述，文质兼美，宜令本司本州长官，指陈艺业，录状奏闻。其吏部选人，亦令所司铨择，各以名荐。朕当明试，自观其能。若行业可甄，待以不次，如妄有褒进，必加明罚。"①

2. 元行冲等撰《礼记义疏》五十卷成，奏上之

《唐会要·贡举下·论经义》卷七十七："十四年八月六日，太子宾客元行冲等，撰《礼记义疏》五十卷成，奏上之。先是，右卫长史魏光乘上言：今《礼记》章句蹐驳，故太师魏徵更编次改注，堪立学传授。上遽令行冲集学者撰《义疏》，将立学官。行冲于是引国子博士范行恭、四门助教施敬本检讨刊削。及《疏》成，右丞相张说驳奏曰：'今之《礼记》，是前汉戴德、戴圣所编，历代传习，已向千年，著为经教，不可刊削。至魏之孙炎始改旧本，以类相比，有同抄书，先儒所引，竟不行用。贞观中，魏徵因孙炎所修，更加厘改，兼为之注，虽加赏赐，其书竟亦不行。今行冲等奉敕撰疏，勒成一部，欲与先儒义章句隔绝，若欲行用，窃恐未可。'上然其奏，遂留其书，贮于内府，竟不得立学。行冲怨诸儒排己，退而著论以自释也。"②

---

①　《册府元龟》，中华书局 1960 年版，第 722 页。

②　《唐会要》，中华书局 1955 年版，第 1410 页。

《旧唐书·元行冲传》卷一百二："初,有左卫率府长史魏光乘奏请行用魏徵所注《类礼》,上遽令行冲集学者撰《义疏》,将立学官。行冲于是引国子博士范行恭、四门助教施敬本检讨刊削,勒成五十卷,十四年八月奏上之。尚书左丞相张说驳奏曰:'今之《礼记》,是前汉戴德、戴圣所编录,历代传习,已向千年,著为经教,不可刊削。至魏孙炎始改旧本,以类相比,有同抄书,先儒所非,竟不行用。贞观中,魏徵因孙炎所修,更加整比,兼为之注,先朝虽厚加赏锡,其书竟亦不行。今行冲等解徵所注,勒成一家,然与先儒第乖,章句隔绝,若欲行用,窃恐未可。'上然其奏,于是赐行冲等绢二百匹,留其书贮于内府,竟不得立于学官。"①

3. 玄宗以《洪范》"无偏无颇"声不协,诏改为"无偏无陂"

《唐会要·论经义》卷七十七:"其年八月十四日,上读《洪范》,至'无颇',以声不协韵,因改'颇'为'陂'。诏曰:'每读《尚书·洪范》,至"遵王之义"。三复兹句,常有所疑。据其下文,并皆协韵,惟"颇"一字。实即不伦。又《周易·泰卦》中"无平不陂"。《释文》云:"陂有颇音。"陂之与颇,训诂无别:为陂则文亦会意,为颇则声不成文。应由煨烬之余,编简遂缺;传授之际,差舛相沿。原始要终,须有刊革。《洪范》"无颇"字,宜改为"陂"。庶使先儒之义去彼膏肓,后学之徒正其鱼鲁。仍宣示国学。'"②

4. 发诏搜扬贤才

《册府元龟·帝王部·求贤第二》卷六十八:"(十四年)十月,诏曰:朕梦想贤才,咨谋列岳,遂因封祀,发诏搜扬。昨所临御道场,亲加策问,不称所荐,其数则多。乃闻膏粱之人,递相招致,丘园之俊,罕见褒升,岂朕劳求之意也。宜令都督刺史,审更访择,具以名荐。"③

---

① 《旧唐书》,中华书局 1975 年版,第 3178 页。
② 《唐会要》,中华书局 1955 年版,第 1410 页。
③ 《册府元龟》,中华书局 1960 年版,第 763 页。

153

5. 吴兢上奏别撰《唐书》九十八卷、《唐春秋》三十卷

《唐会要·在外修史》卷六十三："十四年七月十六日，太子左庶子吴兢上奏曰：'臣往者长安景龙之岁，以左拾遗起居郎兼修国史，时有武三思、张易之、张昌宗、纪处讷、宗楚客、韦温等，相次监领其职。三思等立性邪佞，不循宪章，苟饰虚词，殊非直笔。臣愚以为国史之作，在乎善恶必书，遂潜心积思，别撰《唐书》九十八卷、《唐春秋》三十卷，用藏于私室。虽绵历二十余年，尚刊削未就。但微臣私门凶衅，顷岁以丁忧去官，自此便停知史事。窃惟帝载王言，所书至重，倘有废绝，实深忧惧。于是弥纶旧纪，重加删缉，虽文则不工，而事皆从实。断自隋大业十三年，迄于开元十四年春三月，即皇家一代之典，尽在于斯矣。既将撰成此书于私家，不敢不奏。又卷轴稍广，缮写甚难，特望给臣楷书手三数人，并纸墨等。至绝笔之日，当送上史馆。'于是敕兢就集贤院修成其书，俄又令就史馆。及兢迁荆州司马，其书未能就，兢所修草本，兢亦自将。上令中使往荆州取得五十余卷，其纪事疏略，不堪行用。"[①]

---

① 《唐会要》，中华书局 1955 年版，第 1098—1099 页。

开元十五年　公元 727 年

1. 制草泽有文武高才，令诣阙自举

《旧唐书·玄宗纪上》卷八："十五年春正月戊寅，制草泽有文武高才，令诣阙自举。"[1]

2. 徐坚等撰《初学记》，上之

《唐会要·修撰》卷三十六："十五年五月一日，集贤学士徐坚等，纂经史文章之要，以类相从，上制名曰《初学记》，至是上之。"[2]

按：《初学记》，共三十卷，分二十三部，三百一十三个子目，是集贤院学士徐坚、张说等人奉敕编撰的一部综合性类书，编撰初衷是为唐玄宗诸子作文时检查事类、引用典故等之用，故名之为《初学记》，有明显的使用价值。这部类书材于群经诸子、历代诗赋及唐初诸家作品，资料知识丰实。与一般类书的单纯摘抄汇编不同的是，《初学记》体现出编撰者精心的安排：在内容上把类事连贯起来，体例上，每个子目内部先为"叙事"，次为"事对"，最后是"诗文"。

---

[1]　《旧唐书》，中华书局 1975 年版，第 190 页。
[2]　《唐会要》，中华书局 1955 年版，第 658 页。

开元十七年　公元 729 年

1. 张说修成《八阵图》十卷、经二卷

《唐会要》卷三十六："十七年九月十一日,上令左丞相张说,修《八阵图》十卷,及经二卷成。"[①]

2. 徐坚卒

徐坚(659—729),字元固,幼有敏性,宽厚长者,遍览经史。举秀才及第,为汾州参军事,迁万年主簿。圣历中,为判官。神龙初,再迁给事中。睿宗即位,加银青光禄大夫,拜左散骑常侍,俄转黄门侍郎。后迁秘书监、左散骑常侍,为集贤院学士。开元十七年五月丁酉,卒于长安颁政里之私第,享年七十一,赠太子少保,谥曰"文"。徐坚先后与人同修《三教珠英》《则天圣后实录》,参译《宝积经》,参修《姓氏系录》,编撰《初学记》《文府》等,又注《史记》,修《晋书》,续《文选》《大隐传》,有文集三十卷。

3. 元行冲卒

元澹(653—729),字行冲,以字显,河南人,博学多通,尤善音律及训诂之书。举进士,累转通事舍人。景云中,授太常少卿。开元初,为右散骑常侍、东都副留守。四迁大理卿。开元七年,复转左散骑常侍。九迁国子祭酒,月余,拜太子宾客、弘文馆学士,累封常山郡公。开元十七年卒,

---

① 《唐会要》,中华书局 1955 年版,第 634 页。

年七十七,赠礼部尚书,谥曰"献"。撰有《魏典》三十篇、《孝经疏》三卷,另编有《类礼义疏》五十卷、《群书四部录》二百卷。

4. 李镇注《史记》一百三十卷

《新唐书·艺文志二》卷五十八:"李镇注《史记》一百三十卷(开元十七年上,授门下典仪)。"[①]

按:在唐代,注释《史记》取得了很大的成就,注家数量多,训释质量高。其中最著名的就是"三家注":司马贞《史记索隐》三十卷,张守节《史记正义》三十卷,裴骃《史记集解》八十卷。三家之外,有众多文人为《史记》做过各种注解,贞观年间的刘伯庄撰《史记音义》二十卷,睿宗时期的许子儒撰《史记注义》,还有王元感、徐坚、李镇、陈伯宣等各有《史记注》一百三十卷。可惜的是,这些注本今已亡佚。

5. 韩祐上《续古今人表》十卷

《新唐书·艺文志二》卷五十八:"韩祐《续古今人表》十卷(开元十七年上,授太常寺太祝)。"[②]

---

① 《新唐书》,中华书局1975年版,第1457页。
② 《新唐书》,中华书局1975年版,第1467页。

开元十八年　公元 730 年

1. 辛之谔上《叙训》二卷

《新唐书·艺文志三》卷五十九:"辛之谔《叙训》二卷(开元十七年上,授长社尉)。"[1]

2. 张说卒

张说(667—730),字道济,或字说之,河南洛阳人,盛唐政治家、文学家。弱冠应诏举,对策乙第,授太子校书,累转右补阙,预修《三教珠英》。长安初,修《三教珠英》毕,迁右史、内供奉,兼知考功贡举事,擢拜凤阁舍人。中宗即位,召拜兵部员外郎,累转工部侍郎。景龙中,服母终,复为工部侍郎,俄拜兵部侍郎,加弘文馆学士。睿宗即位,迁中书侍郎,兼雍州长史。玄宗在东宫,说与国子司业褚无量俱为侍读,深见亲敬,又监修国史。开元九年,拜兵部尚书、同中书门下三品,仍修国史。十三年,受诏与右散骑常侍徐坚、太常少卿韦绦等撰《东封仪注》。十七年,复拜尚书左丞相、集贤院学士,寻又加开府仪同三司。十八年冬十二月戊申卒,时年六十四,赠太师,谥曰"文贞"。其修撰有《三教珠英》《今上(玄宗)实录》《唐六典》《开元礼》《初学记》,撰有《洪崖先生传》。

---

[1] 《新唐书》,中华书局 1975 年版,第 1536 页。

开元十九年　公元 731 年

1. 玄宗命有司写《毛诗》《礼记》《左传》《文选》各一部，以赐金城公主

《唐会要·蕃夷请经史》卷三十六："开元十九年正月二十四日，命有司写《毛诗》《礼记》《左传》《文选》各一部，以赐金城公主，从其请也。秘书正字于休烈上表，投招谏甌言曰：'臣闻戎狄，国之寇也。经籍，国之典也。国之利器，不可以示人。昔东平王求《史记》、诸子，汉朝不与，盖以《史记》多兵谋，诸子杂诡术。夫以东平，帝之懿戚，尚不欲示征战之书；况西戎，国之远蕃，曷可贻经典之事？且鲁秉周礼，齐不加兵，吴获乘车，楚属奔命。《传》曰：惟名与器不可以假人。必不得已，请去《春秋》。当周德既衰，诸侯强盛，则有以臣召君之事，取威定霸之谋。若与此书，国之患也。'表入，敕下中书门下议。侍中裴光庭等曰：'西戎不识礼经，心昧德义，频负明约，孤背国恩。今所请诗书，随时给与，庶使渐陶声教，混一车书，文轨大同，斯可使也。休烈虽见情伪变诈于是乎生，而不知忠信节义于是乎在。'上曰：'善。'乃以经书赐与之。"[1]

2. 徐安贞等撰《文府》二十卷，上之

《唐会要·修撰》卷三十六："十九年二月，礼部员外郎徐安贞等，撰《文府》二十卷，上之。"[2]

---

[1]　《唐会要》，中华书局 1955 年版，第 667 页。
[2]　《唐会要》，中华书局 1955 年版，第 658 页。

3. 两京及天下诸州，各置太公庙一所

《唐会要·武成王庙》卷二十三："开元十九年四月十八日，两京及天下诸州，各置太公庙一所，以张良配享，春秋取仲月上戊日祭，诸州宾贡武举人、准明经进士，行乡饮酒礼，每出师命将、辞讫、发日，便就庙引辞，仍简取自古名将。功成业著，宏济生民，准十哲例配享。"

按：太公庙，主祭周朝开国太师、军师姜子牙，以汉朝留侯张良为副祀，以历代名将十人从之。武成王庙，始建于此年，至明太祖洪武年间，废武庙，以姜太公从祀帝王庙。

4. 下诏缮写集贤院四库书

《唐会要·经籍》卷三十五："十九年冬，车驾发京师，集贤院四库书，总八万九千卷，经库一万三千七百五十二卷，史库二万六千八百二十卷，子库二万一千五百四十八卷，集库一万七千九百六十卷。其中杂有梁、陈、齐、周及隋代古书，贞观、永徽、麟德、乾封、总章、咸亨年，奉诏缮写。"①

按：可见唐开元时期，集贤院藏书之多。

5. 冯中庸奏上《政录》十卷

《新唐书·艺文志三》卷五十九："冯中庸《政录》十卷。开元十九年上，授汜水尉。"②

---

① 《唐会要》，中华书局1955年版，第644页。
② 《新唐书》，中华书局1975年版，第1513页。

开元二十年　公元 732 年

1. 寒食上墓编入五礼

《旧唐书·玄宗纪上》卷八：二十年，"五月癸卯，寒食上墓，宜编入五礼，永为恒式。"[①]

《唐会要·寒食拜扫》卷二十三："开元二十年四月二十四日敕，寒食上墓，礼经无文，近世相传，浸以成俗。士庶有不合庙享，何以用展孝思，宜许上墓，用拜扫礼。于茔南门外奠祭，撤馔讫，泣辞，食余于他所，不得作乐。仍编入礼典，永为常式。"[②]

按：此诏令使得寒食节扫墓成为朝廷所认可的吉礼，正式倡导在寒食节以扫墓来追贤思孝，并编入礼典，使其永为恒式。

2. 萧嵩等奏上《开元新礼》一百五十卷

《旧唐书·玄宗纪上》卷八："九月乙巳，中书令萧嵩等奏上《开元新礼》一百五十卷，制所司行用之。"[③]

3.《大唐开元礼》颁所司行用

《旧唐书·礼仪志一》卷二十一："十四年，通事舍人王嵒上疏，请改撰《礼记》，削去旧文，而以今事编之。诏付集贤院学士详议。右丞相张说奏

---

① 《旧唐书》，中华书局 1975 年版，第 198 页。
② 《唐会要》，中华书局 1955 年版，第 439 页。
③ 《旧唐书》，中华书局 1975 年版，第 198 页。

曰:'《礼记》汉朝所编,遂为历代不刊之典。今去圣久远,恐难改易。今之《五礼仪注》,贞观、显庆两度所修,前后颇有不同,其中或未折衷。望与学士等更讨论古今,删改行用。'制从之。初令学士右散骑常侍徐坚及左拾遗李锐、太常博士施敬本等检撰,历年不就。说卒后,萧嵩代为集贤院学士,始奏起居舍人王仲丘撰成一百五十卷,名曰《大唐开元礼》。二十年九月,颁所司行用焉。"①

4. 命巡幸所至,有贤才未闻达者举之

《旧唐书·玄宗纪上》卷八:"冬十月丙戌,命巡幸所至,有贤才未闻达者举之。"②

《册府元龟·帝王部·求贤第二》卷六十八:"二十年十月,驾发东都,北巡狩,会公卿及长吏,巡行所至,有贤才未闻达者,以闻。"③

5. 高希峤注《晋书》一百三十卷

《新唐书·艺文志二》卷五十八:"高希峤注《晋书》一百三十卷。开元二十年上,授清池主簿。"④

---

① 《旧唐书》,中华书局1975年版,第818—819页。
② 《旧唐书》,中华书局1975年版,第198页。
③ 《册府元龟》,中华书局1960年版,第763页。
④ 《新唐书》,中华书局1975年版,第1457—1458页。

开元二十一年　公元 733 年

1. 制令贡举人量减《尚书》《论语》两条策, 加《老子》策

《旧唐书·玄宗纪上》卷八:"二十一年春正月庚子朔, 制令士庶家藏《老子》一本, 每年贡举人量减《尚书》《论语》两条策, 加《老子》策。"①

2. 敕铨量举选人才

《唐会要·学校》卷三十五:"开元二十一年五月敕:诸州县学生年二十五已下, 八品九品子若庶人生年二十一已下, 通一经已上及未通经, 精神通悟, 有文词史学者, 每年铨量, 举选所司简试, 听入四门学, 充俊士。即诸州人省试不第, 情愿入学者听。国子监所管学生, 尚书省补;州县学生, 长官补。诸州县学生专习正业之外, 仍令兼习吉凶礼, 公私礼有事处, 令示仪式, 余皆不得辄使。许百姓任立私学, 欲其寄州县受业者亦听。"②

---

① 《旧唐书》, 中华书局 1975 年版, 第 199 页。
② 《唐会要》, 中华书局 1955 年版, 第 634—635 页。

开元二十二年　公元 734 年

1. 诏两京监生在外者,即宜赴学

《册府元龟·帝王部·崇儒术第二》卷五十:"二十二年四月,诏曰:风化之本,其在庠序,去秋不熟,生徒暂令就舍,讲习之地,安可久闲。其两京监生在外者,即宜赴学。"①

2. 诏以酒脯充奠祀

《旧唐书·礼仪志四》卷二十四:"玄宗开元二十二年正月,诏曰:古圣帝明王、岳渎海镇,用牲牢,余并以酒脯充奠祀。"②

---

① 《册府元龟》,中华书局 1960 年版,第 560 页。
② 《旧唐书》,中华书局 1975 年版,第 915 页。

开元二十三年　公元 735 年

1. 玄宗亲祀神农于东郊

《旧唐书·礼仪志四》卷二十四："二十三年正月,亲祀神农于东郊,以勾芒配。礼毕,躬御耒耜于千亩之甸。时有司进仪注:'天子三推,公卿九推,庶人终亩。'玄宗欲重劝耕藉,遂进耕五十余步,尽垄乃止。礼毕,辇还斋宫,大赦。侍耕、执牛官皆等级赐帛。"[1]

2. 敕中书令张九龄、光禄卿韦绦
与礼官就集贤院撰《耤田仪注》

《唐会要·修撰》卷三十六："二十三年正月,敕中书令张九龄、光禄卿韦绦与礼官就集贤院撰《耤田仪注》。"[2]

3. 玄宗注《老子》,修《疏义》八卷,
制《开元文字音义》三十卷,颁示公卿

《唐会要·修撰》卷三十六："(二十三年)三月二十七日,上注《老子》,并修《疏义》八卷,并制《开元文字音义》三十卷,颁示公卿。"[3]

---

[1] 《旧唐书》,中华书局 1975 年版,第 913 页。
[2] 《唐会要》,中华书局 1955 年版,第 658 页。
[3] 《唐会要》,中华书局 1955 年版,第 658 页。

开元二十四年　公元 736 年

1. 张守节撰《史记正义》三十卷

《全唐文·张守节·上史记正义序》卷三百九十七："守节涉学三十余年，六籍九流，《地理》《苍》《雅》，锐心观采。评《史》《汉》，诠众训，释而作《正义》。郡国城邑，委曲申明，古典幽微，窃探其美，索理允惬，次旧书之旨，兼音解注，引致旁通。凡成三十卷，名曰《史记正义》。发挥膏肓之辞，思济沧溟之海，未敢俸诸秘府，冀训诂而齐流庶，贻厥子孙，世畴兹史。于时岁次丙子开元二十四年八月，杀青斯竟。"①

2. 敕令减省集贤书籍

《唐会要·经籍》卷三十五："二十四年十月，车驾从东都还京，有敕，百司从官，皆令减省集贤书籍，三分留一，贮在东都。"②

3. 姚奕请进士帖《左传》《礼记》

《旧唐书·礼仪志四》卷二十四："二十四年三月，始移贡举，遣礼部侍郎姚奕请进士帖《左传》《礼记》通五及第。"③

---

① 《全唐文》，中华书局 1983 年版，第 4053 页。
② 《唐会要》，中华书局 1955 年版，第 644 页。
③ 《旧唐书》，中华书局 1975 年版，第 919 页。

开元二十五年　公元 737 年

1. 诏令哀矜之情,小大必慎

《旧唐书·玄宗纪下》卷九:"开元二十五年春正月壬午,制:'朕猥集休运,多谢哲王,然而哀矜之情,小大必慎。自临寰宇,子育黎烝,未尝行极刑,起大狱。上玄降鉴,应以祥和,思协平邦之典,致之仁寿之域。自今有犯死刑,除十恶罪,宜令中书门下与法官详所犯轻重,具状奏闻。崇德尚齿,三代丕又;敦风劝俗,五教攸先。其曾任五品已上清资官以礼去职者,所司具录名奏,老疾不堪厘务者与致仕。道士、女冠宜隶宗正寺,僧尼令祠部检校。百司每旬节休假,并不须入曹司,任游胜为乐。宣示中外,知朕意焉。'"①

2. 韦绦令博士韦逌等铨叙前后所行用乐章为五卷, 又令大乐令孙玄成更加厘革,编为七卷

《唐会要·舆服下·雅乐上》卷三十二:"二十五年,太常卿韦绦令博士韦逌、直大乐季尚冲、乐正沉元礼、郊社令陈度、申怀操等,铨叙前后所行用乐章为五卷,以付大乐、鼓吹两署,令工人习之。时太常旧相传有《燕乐》五调歌词各一卷,或云贞观中侍中杨恭仁、赵方等所铨集,词多郑卫,皆近代词人杂诗。至是,绦又令大乐令孙玄成更加厘革,编为七卷。"②

---

① 《旧唐书》,中华书局 1975 年版,第 207 页。
② 《唐会要》,中华书局 1975 年版,第 595 页。

3. 删定《格式律令事类》四十卷

《新唐书·艺文志二》卷五十八:"《格式律令事类》四十卷。中书令李林甫、侍中牛仙客、御史中丞王敬从、左武卫胄曹参军崔晃、卫州司户参军直中书陈承信、酸枣尉直刑部俞元杞等删定,开元二十五年上。"①

按:格、式、律、令,隋唐时期法律的基本表现形式。

4. 李元纮奏请勒张说等就史馆撰录国史

《唐会要·史馆上·在外修史》卷六十三:"二十五年六月二十六日,诏左丞相张说在家修史。中书侍郎李元纮奏曰:国史者,记人君善恶、国政损益,一字褒贬,千载称之。今张说在家修史,吴兢又在集贤院撰录,令国之大典散在数所。且太宗别置史馆在于禁中,所以重其职而秘其事。望勒说等就史馆参详撰录,则典册旧草不坠矣。从之。"②

---

① 《新唐书》,中华书局1975年版,第1496—1497页。
② 《唐会要》,中华书局1955年版,第1099页。

开元二十六年　公元 738 年

1. 天下州县,每乡之内,各里置一学,仍择师资,令其教授

《唐会要·学校》卷三十五:"二十六年正月十九日敕,古者乡有序,党有塾,将以宏长儒教,诱进学徒,化民成俗。率由于是,其天下州县,每乡之内,各里置一学,仍择师资,令其教授。"①

2. 敕停孝弟力田科举人

《唐会要·贡举中·制科举》卷七十六:"二十六年正月敕,孝弟力田,风化之本,比来将同举人考试辞策。今后两事兼著,状迹殊尤者,委所由长官时以名荐,更不须随考使例申送。"②

3. 委本州本司长官,精加搜择贤能

《册府元龟·帝王部·求贤第二》卷六十八:"二十六年正月,亲迎春于东郊毕,制曰:朕之爵位,唯待贤能。虽选士命官,则有常调,而安卑退迹,尚虑遗才。其内外八品已下官,及草泽间有学业精博、蔚为儒道、文词雅丽、通于政术、为众所推者,各委本州本司长官,精加搜择,具以奏荐。"③

---

① 《唐会要》,中华书局 1955 年版,第 635 页。
② 《唐会要》,中华书局 1955 年版,第 1393 页。
③ 《册府元龟》,中华书局 1960 年版,第 763 页。

4.《唐六典》三十卷成

《唐会要·修撰》卷三十六:"二十七年二月,中书令张九龄等撰《六典》三十卷成,上之,百官称贺。"[①]

但《新唐书·艺文志二》卷五十八载:"《六典》三十卷。开元十年,起居舍人陆坚被诏集贤院修《六典》,玄宗手写六条,曰理典、教典、礼典、政典、刑典、事典。张说知院,委徐坚,经岁无规制,乃命毋煚、余钦、咸廙业、孙季良、韦述参撰。始以令式象《周礼》六官为制。萧嵩知院,加刘郑兰、萧晟、卢若虚。张九龄知院,加陆善经。李林甫代九龄,加苑咸。二十六年书成。"[②]

按:《唐六典》,全称《大唐六典》,是唐玄宗时期官修的一部官制法典,记载了从唐朝建立之初到唐玄宗开元时期的国家行政官制设定及其历史沿革、细则说明等,明确记录了唐朝自中央到地方的政府管理机构、机构编制、机构职权、组织规模,以及官员之编制、员额、品级、待遇等各个方面的详细情况。

---

① 《唐会要》,中华书局1955年版,第659页。
② 《新唐书》,中华书局1975年版,第1477页。

开元二十七年　公元 739 年

1. 诏举贤才

《册府元龟·帝王部·求贤第二》卷六十八：“二十七年正月，令诸州刺史举德行尤异、不求闻达者，许乘传赴京。二月，诏曰：草泽间有殊才异行、文堪经国、为众所知、不求闻达者，所繇长官以礼征送。”①

2. 追赠孔子为文宣王，其后嗣褒圣侯宜改为文宣公

《册府元龟·帝王部·崇儒术第二》卷五十：“二十七年八月，追赠先圣夫子为王，谥曰‘文宣’。制曰：‘……夫子既曰先圣，可追谥为文宣王。宜令三公持节册命，其文宣王陵并旧宅庙，量加人洒扫，用展诚敬。其后嗣褒圣侯宜改为文宣公。……’丁亥，命尚书左相裴耀卿摄大尉，持节往册于庙，始正南面，改冕服，乐用宫悬。”②

3. 追赠曾参等六十七人为伯

《旧唐书·礼仪志四》卷二十四：“二十七年八月，又下制曰：……夫子既称先圣，可追谥为文宣王。……又赠曾参、颛孙师等六十七人皆为伯。于是正宣父坐于南面，内出王者衮冕之服以衣之。遣尚书左丞相裴耀卿就国子庙册赠文宣王。册毕，所司奠祭，亦如释奠之仪，公卿已下预观礼。

---

① 《册府元龟》，中华书局 1960 年版，第 763 页。
② 《册府元龟》，中华书局 1960 年版，第 560—561 页。

又遣太子少保崔琳就东都庙以行册礼，自是始用宫悬之乐。春秋二仲上丁，令三公摄行事。"①

①　《旧唐书》，中华书局 1975 年版，第 920—921 页。

开元二十八年　公元 740 年

1. 诏先圣文宣王春秋释奠，令摄三公行礼，著之常式

《册府元龟·帝王部·崇儒术第二》卷五十："二十八年诏曰：先圣文宣王，春秋释奠，宜令摄三公行礼，著之常式。"①

---

① 《册府元龟》，中华书局 1960 年版，第 561 页。

开元二十九年　公元 741 年

1. 制两京、诸州各置玄元皇帝庙并崇玄学

《旧唐书·玄宗纪下》本纪第九："二十九年春正月丁丑,制两京、诸州各置玄元皇帝庙并崇玄学,置生徒,令习《老子》《庄子》《列子》《文子》,每年准明经例考试。"①

2. 诏求贤才

《册府元龟·帝王部·求贤第二》卷六十八："二十九年正月,诏曰:朕所求才,待之若渴……其内外官,有亲伯叔及兄弟并子侄中,灼然有才术异能,风标节行,通闲政理,据资历堪充刺史、县令者,各任以名荐。其卑官所举人,听于所隶长官处通状,一时录奏。其考试通人任用之后,如后有亏犯典宪、名实不相副者,所举之人,与其同罚;如政绩著闻,终始廉谨,为众所知者,其所举人与其同赏。"②

3. 制以雅乐曰《大唐乐》

《唐会要·舆服下·雅乐上》卷三十二："二十九年六月,太常奏:'东封太山日所定雅乐,其乐曰豫和六变……臣以乐章残缺,积有岁时。自有事东巡,亲谒九庙,圣情敦礼,精祈感通,皆祠前累月,考定音律。请编诸

① 《旧唐书》本纪第九,中华书局 1975 年版,第 213 页。
② 《册府元龟》,中华书局 1960 年版,第 763 页。

史册,万代施行。'乃下制曰:'王公卿士,爰及有司,频诣阙上言,请以《唐乐》为名者。斯至公之事,朕安得辞之焉。然则《大咸》《大韶》《大濩》《大夏》,皆以大字表其乐章,今依所请,宜曰《大唐乐》。'"①

① 《唐会要》,中华书局 1955 年版,第 596—597 页。

唐玄宗天宝元年　公元 742 年

1. 诏令有贤才者，委所在长官，具以名荐

《旧唐书·玄宗纪下》卷九："天宝元年春正月丁未朔，大赦天下，改元，常赦不原，咸赦除之。百姓所欠负租税及诸色并免之。前资官及白身人有儒学博通、文辞秀逸及军谋武艺者，所在具以名荐。京文武官才堪为刺史者，各令封状自举。"[①]

2. 讲座之时，除问难经典之外，不得辄请

《册府元龟·帝王部·崇儒术第二》卷五十："天宝元年七月，诏曰：古之教人，盖有彝训，必在勤学，使知其方。故每月释菜之时，常开讲座，用以发明圣旨，启迪生徒。待问者应而不穷，怀疑者质而无惑。弘益之致，不其然欤？或有凡流，矜于小辨，初虽论难，终杂诙谐，出言不经，积习成弊。自今以后，除问难经典之外，不得辄请。宜令本司长官，严加禁止，仍委御史纠察。"[②]

3. 于秦坑儒之所立祠宇，以祀遭难诸儒

《旧唐书·玄宗纪下》卷九："（冬十月）辛丑，改骊山为会昌山，仍于秦坑儒之所立祠宇，以祀遭难诸儒。新成长生殿名曰集灵台，以祀天神。"[③]

---

① 《旧唐书》，中华书局 1975 年版，第 214 页。
② 《册府元龟》，中华书局 1960 年版，第 561—562 页。
③ 《旧唐书》，中华书局 1975 年版，第 216 页。

4.明经、进士习《尔雅》

《旧唐书·礼仪志四》卷二十四:"天宝元年,明经、进士习《尔雅》。"①

---

① 《旧唐书》,中华书局1975年版,第921页。

天宝二年　公元 743 年

1. 玄宗重注《孝经》,颁于天下

《唐会要·修撰》卷三十六:"十年六月二日,上注《孝经》,颁于天下及国子学。至天宝二年五月二十二日,上重注,亦颁于天下。"[①]

2. 制孔子三十五代孙璲芝袭文宣公爵

《册府元龟·帝王部·崇儒术第二》卷五十:"二年十月,制曰:朕永惟圣道,思阐儒风,故尊崇先王,所以弘至教,褒奖后嗣,所以美前烈。文宣王三十五代孙通直郎前守邠王府文学褒圣侯孔璲芝,纂承睿哲,克复中庸。三命益恭,敦素凭于祖业;百代必祀,光宠被于朝恩。积庆之余,既开于土宇;盛德不朽,宜傅于带砺,可袭文宣公。"[②]

---

① 《唐会要》,中华书局 1955 年版,第 658 页。
② 《册府元龟》,中华书局 1960 年版,第 562 页。

天宝三载　公元744年

1.改年为载

《旧唐书·玄宗纪下》卷九："三载正月丙辰朔,改年为载。赦见禁囚徒。"[1]

2.敕令集贤学士卫包改《尚书》古文从今文

《唐会要·经籍》卷三十五:"天宝三载七月,敕先王令范,莫越于唐虞,上古遗书,并称于训诰。虽百篇奥义,前代或亡,而六体奇文,旧规尤在。其《尚书》应古体文字,并依今字缮写施行,其旧本仍藏书府。"[2]

3.敕令天下家藏《孝经》一本

《唐会要·经籍》卷三十五:"其载(天宝三载)十二月,敕自今已后,宜令天下家藏《孝经》一本,精勤教习,学校之中,倍加传授,州县官长,明申劝课焉。"[3]

4.征高道不仕遁迹丘园为远近所知未经荐举者

《册府元龟·帝王部·求贤第二》卷六十八:"三载十二月,祀九宫。

---

[1]　《旧唐书》,中华书局1975年版,第217页。
[2]　《唐会要》,中华书局1955年版,第645页。
[3]　《唐会要》,中华书局1955年版,第645页。

礼毕,制曰:朕惟熙庶绩,博访逸人,岂惟振拔滞淹,以期于大用。间亦欲褒崇高尚,将敦于风俗。虚伫之怀,盖在于此。其高道不仕遁迹丘园为远近所知未经荐举者,委所在长官以礼征送。"①

① 《册府元龟》,中华书局 1960 年版,第 764 页。

天宝五载　公元 746 年

1.《礼记·月令》改为《时令》

《唐会要·贡举下·论经义》卷七十七："天宝五载正月二十三日,诏曰:《礼记》垂训,篇目攸殊,或未尽于通体,是有乖于大义。借如尧命四子,所授惟时;周分六官,曾不系月;先王行令,盖取于斯。苟分至之可言,河弦望之足举?其《礼记·月令》,宜改为《时令》。"①

2.诏令集贤院修改《道德经》《孝经》

《唐会要·贡举下·论经义》卷七十七："其载(天宝五载)二月二十四日,诏曰:朕钦承圣训,覃思玄经,顷改《道德经》"载"字为"哉",仍隶属上句,及乎廷议,众以为然,遂错综真铨,因成注解。又《孝经》书疏,虽粗发明,幽赜无遗,未能该备,今更敷畅,以广阙文。仍令集贤院具写,送付所司,颁示中外。"②

---

① 《唐会要》,中华书局 1955 年版,第 1410 页。
② 《唐会要》,中华书局 1955 年版,第 1411 页。

天宝六载　公元 747 年

1. 制天下诸色人，通一艺以上，各任荐举

《册府元龟·帝王部·求贤第二》卷六十八：“六载正月丁亥，南郊礼毕，制：选贤推能，常虑不广。三府之辟，则唯采于大名；四科之荐，盖不通于小学。今承平日久，士进多端，必欲远贲弓旌，载空岩穴，片善必录，末技无遗。天下诸色人，通一艺以上，各任荐举。仍委所在郡县长官，精加试练，灼然超绝流辈远近所在者，具名送省。仍委尚书及左右丞、诸司委御史中丞更加对试，务取名实相副者，一时奏闻。”①

2. 乡贡武举人上省，先令谒太公庙

《唐会要·武成王庙》卷二十三：“天宝六载正月敕：乡贡武举人上省，先令谒太公庙。每拜大将及行师克捷，亦宜告捷。”②

---

① 《册府元龟》，中华书局 1960 年版，第 764 页。
② 《唐会要》，中华书局 1955 年版，第 436 页。

天宝八载　公元 749 年

1. 吴兢卒

　　吴兢(670—749),汴州浚仪人,励志勤学,贯知经史。因有史才,诏直史馆,修国史,迁右拾遗内供奉。神龙中,改右补阙,迁起居郎,俄迁水部郎中。玄宗时期,拜谏议大夫,复修史,俄兼修文馆学士。开元十七年,出为荆州司马,后累迁台、洪、饶、蕲四州刺史,加银青光禄大夫,封襄垣县子。天宝八年,卒于家,时年八十。参修《高宗后修实录》《则天皇后实录》《姓族系录》《群书四部录》等,撰《唐名臣奏》十卷、《古乐府》十卷。撰有《梁史》《齐史》《周史》各十卷、《陈史》五卷、《隋史》二十卷、《唐书》一百卷、《唐春秋》三十卷、《唐书备阙记》十卷、《太宗勋史》一卷、《贞观政要》十卷、《中宗实录》二十卷、《睿宗实录》三十卷、《兵家正史》九卷、《开元升平源》一卷。

天宝十载　公元751年

1. 诏有怀才抱器未经荐举者，委所在长官，
审加访择，具名录奏

《册府元龟·帝王部·求贤第二》卷六十八："十载正月，诏：朕每搜罗贤俊，旌贲丘园，犹虑遁迹藏名，安卑守位。朕言及此，寤寐思焉。其诸色人中，有怀才抱器未经荐举者，委所在长官，审加访择，具名录奏。"[1]

---

① 《册府元龟》，中华书局1960年版，第764页。

天宝十一载　公元 752 年

1. 敕秘书省检覆四库书

《唐会要·经籍》卷三十五:"十一载十月,敕秘书省检覆四库书,与集贤院计会填写。"①

---

① 《唐会要》,中华书局 1955 年版,第 645 页。

天宝十二载　公元 753 年

1. 天下举人不得充乡赋，皆须补国子学士及郡县学生

《唐会要·贡举中·缘举杂录》卷七十六："天宝十二载七月十三日诏：天下举人不得充乡赋，皆须补国子学士及郡县学生，然后听举。"①

2. 道举停习《道德经》，加《周易》

《新唐书·选举志上》卷四十四："十二载，乃敕天下罢乡贡，举人不由国子及郡、县学者，勿举送。是岁，道举停《老子》，加《周易》。"②

但《唐会要·贡举下·崇元生》卷七十七："十三载十月十六日，道举停习《道德经》，加《周易》，宜以来载为始。"③

按：《新唐书·选举志上》卷四十四："十四载，复乡贡。"④

---

① 《唐会要》，中华书局 1955 年版，第 1384 页。
② 《新唐书》，中华书局 1975 年版，第 1164 页。
③ 《唐会要》，中华书局 1955 年版，第 1404 页。
④ 《新唐书》，中华书局 1975 年版，第 1164 页。

天宝十三载　公元 754 年

1. 诏委郡县长官,精加铨择贤才

《册府元龟·帝王部·求贤第二》卷六十八:"十三载二月,诏:自临御已来,四十余年,械朴延想,寤寐求贤,林薮无遗,旌招不绝。犹虑升平已久,学业增多,至于征求,或遗僻陋。其博通坟典,洞晓玄经,清白著闻,词藻宏丽,军谋出众,武艺绝伦者,任于所在自举,仍委郡县长官,精加铨择,必取才实相副者奏闻。"[①]

2. 玄宗于勤政楼试四科举人

《唐会要·贡举中·制科举》卷七十六:"天宝十三载十月一日,御勤政楼,试四科举人,其辞藻宏丽,问策外更试诗赋各一道。"[②]

《旧唐书·杨绾传》卷一百一十九:"天宝十三年,玄宗御勤政楼,试博通坟典、洞晓玄经、辞藻宏丽、军谋出众等举人,命有司供食,既暮而罢。取辞藻宏丽外,别试诗赋各一首。制举试诗赋,自此始也。时登科者三人,绾为之首,超授右拾遗。"[③]

① 《册府元龟》,中华书局 1960 年版,第 764 页。
② 《唐会要》,中华书局 1955 年版,第 1393 页。
③ 《旧唐书》,中华书局 1975 年版,第 3429—3430 页。

天宝十四载　公元755年

1. 玄宗撰《韵英》五卷,付集贤院行用

《唐会要·修撰》卷三十六:"天宝十四载四月,内出御撰《韵英》五卷,付集贤院行用。"①

按:《韵英》记载唐朝长安地区文字语音系统。又有《太平广记》引《纪闻》:"(元庭坚)撰《韵英》十卷,未施行。"这两部《韵英》之间的关系,学术界进行了探讨,多趋向于认为是不同时间段所完成的同题书。

2. 玄宗颁《御注老子》并《义疏》于天下

《旧唐书·玄宗纪下》卷九:十四载,冬十月,"甲午,颁《御注老子》并《义疏》于天下"②。

---

① 《唐会要》,中华书局1955年版,第659页。
② 《旧唐书》,中华书局1975年版,第230页。

唐玄宗天宝十五载/唐肃宗至德元载
公元 756 年

1. 诏有贤才者，委所在长官闻奏

《册府元龟·帝王部·求贤第二》卷六十八："肃宗至德元年七月即位于灵武，诏：有直言极谏，才能牧宰，文词博达，武艺绝伦，孝悌力田，沉沦草泽，委所在长官闻奏。荐诣阙自陈者，亦听。"①

---

① 《册府元龟》，中华书局 1960 年版，第 764 页。

至德二载　公元 757 年

1.诏有至孝友悌行著乡闾堪旌表者,郡县长官采听闻奏

《旧唐书·肃宗纪》卷十:"二载春正月庚戌朔,上在彭原受朝贺。是日通表入蜀贺上皇。上皇在蜀,每得上表疏,讯其使者,知上涕恋晨省,乃下诰曰:'至和育物,大孝安亲,古之哲王,必由斯道。朕往在春宫,尝事先后,问安靡阙,视膳无违。及同气天伦,联华棣萼,居尝共被,食必分甘。今皇帝奉而行之,未尝失坠,每有衔命而来,戒途将发,必肃恭拜跪,涕泗涟洏,左右侍臣,罔不感动。间者抱戴、赤雀、白狼之瑞,接武荐臻,此皆皇帝圣敬之符,孝友之感也。故能诞敷德教,横于四海,信可以光宅寰宇,永绥黎元者哉! 其天下有至孝友悌行著乡闾堪旌表者,郡县长官采听闻奏,庶孝子顺孙沐于玄化也。'"[①]

2.诏有贤才者,委郡守铨择奏闻

《册府元龟·帝王部·求贤第二》卷六十八:"二年十二月,诏:郡县官有灼然清白、理行尤异,百姓忠孝力田,不求闻达者,委采访使奏闻。其有文经邦国、学究天人、博于经史、工于词赋、善于著述、精于理法、军谋制胜、武艺绝伦,并任于所在陈白,委郡守铨择奏闻,不限人数。"[②]

---

① 《旧唐书》,中华书局 1975 年版,第 245 页。
② 《册府元龟》,中华书局 1960 年版,第 764 页。

3. 因史馆《国史实录》被焚，诏令府县搜访

《唐会要·史馆上·修国史》卷六十三："至德二载十一月二十七日，修史官太常少卿于休烈奏曰：《国史》一百六卷，《开元实录》四十七卷，起居注并余书三千六百八十二卷，在兴庆宫史馆，并被逆贼焚烧。且《国史》《实录》，圣朝大典，修撰多时，今并无本。望委御史台推勘史馆所由，并令府县搜访。有人收得《国史》《实录》，能送官司，重加购赏。若是官书，并舍其罪。得一部超授官，一卷赏绢十匹。数月惟得一两卷。前修史官工部侍郎韦述贼陷，入东京，至是以其家先藏《国史》一百一十三卷送官。"①

① 《唐会要》，中华书局 1955 年版，第 1095 页。

唐肃宗至德三载/唐肃宗乾元元年
公元758年

1.诏草泽及卑位之间,有不求闻达者,令兵部、吏部作征召条目奏闻

《册府元龟·帝王部·求贤第二》卷六十八:"乾元元年四月,郊祀礼毕。翌日,御丹凤门,大赦天下,诏曰:草泽及卑位之间,有不求闻达未经推荐者,一艺以上,恐遗俊乂,令兵部、吏部作征召条目奏闻。"①

---

① 《册府元龟》,中华书局1960年版,第764页。

乾元二年　公元 759 年

1.诏文武五品已上正官各举贤良方正、直言极谏一人

《旧唐书·肃宗纪》卷十:二年四月,"壬寅,诏……自文武五品已上正官各举贤良方正、直言极谏一人,任自封进"①。

2.徐浩进《广孝经》十卷

《新唐书·艺文志一》卷五十七:"徐浩《广孝经》十卷(浩称四明山人,乾元二年上,授校书郎)。"②

3.肃宗行藉田礼

《旧唐书·礼仪志四》卷二十四:"肃宗乾元二年春正月丁丑,将有事于九宫之神,兼行藉田礼。自明凤门出,至通化门,释辂而入坛,行宿斋于宫。戊寅,礼毕,将耕藉,先至于先农之坛。……翌日己卯,致祭神农氏,以后稷配享。肃宗冕而朱纮,躬秉耒耜而九推焉。礼官奏陛下合三推,今过礼。肃宗曰:'朕以身率下,自当过之,恨不能终于千亩耳。'既而伫立久之,观公卿、诸侯、王公已下耕毕。"③

---

① 《旧唐书》,中华书局 1975 年版,第 255 页。
② 《新唐书》,中华书局 1975 年版,第 1443 页。
③ 《旧唐书》,中华书局 1975 年版,第 913—914 页。

唐肃宗乾元三年/唐肃宗上元元年
公元 760 年

1. 追封周太公望为武成王,依文宣王例置庙

《旧唐书·肃宗纪》卷十:三年闰四月,"己卯,以星文变异,上御明凤门,大赦天下,改乾元为上元。追封周太公望为武成王,依文宣王例置庙"①。

2. 诏令中外五品以上文武正员官,各举贤良方正直言极谏一人

《册府元龟·帝王部·求贤第二》卷六十八:"三年闰四月,御明凤门,诏:宜令中外五品以上文武正员官,各举贤良方正直言极谏一人。武艺文才俱堪济理者,亦任状举。其或文乏词策,武非骑射,但权谋可以集事,材力可以临戎,方圆可收,亦任通举,并限制到一月内奏毕。"②

《册府元龟·帝王部·求贤第二》卷六十八:"上元元年闰四月,诏:王者稽古设教,择贤以礼,广征岩穴,用副薪槱。宜令中外五品以上文武正从员,举贤良方正直言极谏各一人。武艺文才俱堪济理者,亦任状举。其或文乏词策,武非骑射,但权谋可以集事,材力可以临戎,方圆可收,亦任通举,并限制到一月内奏毕。"③

---

① 《旧唐书》,中华书局 1975 年版,第 259 页。
② 《册府元龟》,中华书局 1960 年版,第 765 页。
③ 《册府元龟》,中华书局 1960 年版,第 765 页。

3. 元结为《箧中集》作序

《全唐文·元结·箧中集序》卷三百八十一:"元结作《箧中集》,或问曰:公所集之诗,何以订之? 对曰:……天下兵兴,于今六岁,人皆务武,斯焉谁嗣! 已长逝者,遗文散失。方阻绝者,不见近作。尽箧中所有,总编次之,命曰《箧中集》。且欲传之亲故,冀其不亡。于今凡七人,诗二十二首。时乾元三年也。"①

按:《箧中集》是元结编录的一部诗集,集中收有沈千运、赵微明、孟云卿、张彪、王季友等五言古诗二十四首。这群诗人的诗作多书写人生疾苦,具有鲜明的现实主义精神,也彰显了其对国家社会深深的忧患意识、责任意识。

4. 王起生

王起(760—847),字举之,王播之弟(详见唐宣宗大中元年"王起卒"条)。

---

① 《全唐文》,中华书局1983年版,第3873页。

上元二年　公元 761 年

1. 诏每除京官五品以上正员清望官及郎中、御史、诸州刺史,皆令推荐一两人以自代

《册府元龟·帝王部·求贤第二》卷六十八:"二十年九月,敕书:每除京官五品以上正员清望官及郎中、御史、诸州刺史,皆令推荐一两人以自代,仍具录行能闻奏,观其所举,以行殿最。"①

---

① 《册府元龟》,中华书局 1960 年版,第 765 页。

唐代宗宝应元年　公元 762 年

1. 敕令有贤才者，委所在刺史拣择奏闻

《册府元龟·帝王部·求贤第二》卷六十八："元年建卯月，敕书：诸色流人及左降官，其中有行业凤著、情状可矜、久践朝班、曾经任用者，委在朝五品以上清望官及郎中、御史，于流贬人中素相谙委、为众所推者，各以名荐，须当才实。文武不坠，道弘于人，务在搜扬，俾其展效。其诸色人中有词学高深、兼通政理、军谋制胜、明习韬钤者，委所在刺史拣择，奏闻举荐。京官四品以上正员文武官，任各举一人。"①

2. 李白卒

李白(约 701—762)，字太白，号青莲居士，又号谪仙人，山东人，盛唐代表诗人。少有逸才，志气宏放，飘然有超世之心。喜纵横术、击剑，为任侠，轻财重施，嗜酒，日与饮徒醉于酒肆。永王谋乱，兵败，白坐长流夜郎。后遇赦得还，死于宣城，年六十二。有文集二十卷行于时。

---

① 《册府元龟》，中华书局 1960 年版，第 765 页。

唐代宗宝应二年/唐代宗广德元年
公元 763 年

1. 敕令州县每岁察秀才孝廉，
取乡闾有孝悌廉耻之行荐焉

《旧唐书·礼仪志四》卷二十四："宝应二年六月，敕令州县每岁察秀才孝廉，取乡闾有孝悌廉耻之行荐焉。委有司以礼待之，试其所通之学，《五经》之内，精通一经，兼能对策，达于理体者，并量行业授官。其明经、进士并停。国子学道举，亦宜准此。因杨绾之请也。诏下朝臣集议，中书舍人贾至议，请依绾奏。有司奏曰：'窃以今年举人等，或旧业既成，理难速改，或远州所送，身已在途，事须收奖。其今秋举人中有情愿旧业举试者，亦听。明年已后，一依新敕。'后绾议竟不行。"①

---

① 《旧唐书》，中华书局 1975 年版，第 921—922 页。

广德二年 公元 764 年

1. 罢岁贡孝悌力田、童子等科

《旧唐书·代宗纪》卷十一:二年五月,"庚申,罢岁贡孝悌力田、童子等科"[①]。

---

① 《旧唐书》,中华书局 1975 年版,第 275 页。

唐代宗永泰元年　公元765年

1. 高适卒

　　高适（约700—765），字达夫，沧州渤海蓨人，盛唐边塞诗人，与岑参齐名，并称"高岑"。少家贫落魄，客居于梁、宋间。举有道科中第，调封丘尉。又客居河西，被哥舒翰引为节度府书记。后安史之乱，适拜左拾遗，转监察御史，佐哥舒翰守潼关。及翰兵败，谒见玄宗，官谏议大夫。永王璘起兵叛，肃宗召适而谋，遂兼御史大夫、扬州大都督府长史、淮南节度使。未几，蜀中乱，出任蜀州刺史，迁彭州。后代光远为成都尹、剑南西川节度使。代宗即位，适练兵讨吐蕃，师出无功，松、维等州陷落。代宗以黄门侍郎严武代还，用为刑部侍郎，转散骑常侍，加银青光禄大夫，进封渤海县侯。永泰元年正月卒，赠礼部尚书，谥曰"忠"。撰有文集二十卷。《全唐文》收录其文二十一篇，《全唐诗》编录其诗四卷。

唐代宗永泰二年/唐代宗大历元年
公元 766 年

1. 制宰相朝官、六军诸将子弟，欲得习学，可并补国子学生

《旧唐书·代宗纪》卷十一：二年春正月乙酉，制："恐干戈之后，学校尚微，僻居远方，无所咨禀，负经来学，宜集京师。其宰相朝官、六军诸将子弟，欲得习学，可并补国子学生。其中身虽有官，欲附学读书者亦听。其学官委中书门下选行业堪为师范者充。其学生员数、所习经业、供承粮料、增修学馆，委本司条奏以闻。"①

2. 释奠于国学

《旧唐书·代宗纪》卷十一："二月丁亥朔，释奠于国学，赐宰臣百官飧钱五百贯，于国学食。"②

3. 宗正卿吴王祗奏上《皇室永泰新论》二十卷

《旧唐书·代宗纪》卷十一：冬十月，"己丑，宗正卿吴王祗奏上《皇室永泰新论》二十卷，太常博士柳芳撰"③。

---

① 《旧唐书》，中华书局1975年版，第281—282页。
② 《旧唐书》，中华书局1975年版，第282页。
③ 《旧唐书》，中华书局1975年版，第284页。

大历二年　公元 767 年

1. 元结编其诗文二百零三首为《文编》十卷

　　《全唐文·元结·文编序》卷三八一曰:"天宝十二年,漫叟以进士获荐,名在礼部。会有司考校旧文,作《文编》纳于有司。……叟在此州今五年矣,地偏事简,得以文史自娱。乃次第近作,合于旧编,凡二百三首,分为十卷,复命曰《文编》,示门人子弟,可传之于筐箧耳。叟之命称,则著于《自释》云,不录。时大历二年丁未中冬也。"[①]

　　按:《文编》始作于天宝年间,直到此年完成。元结合旧编与近作,凡二百零三首,分为十卷。元结开新乐府运动之先声,其诗文意在救时劝俗,故《文编》所选之文可戒可劝,可安可顺。

---

① 《全唐文》,中华书局 1983 年版,第 3872 页。

大历三年　公元 768 年

1. 诏复童子科

《唐会要·贡举下·童子》卷七十六曰:"大历三年四月二十五日敕:童子举人,取十岁以下者,习一经兼《论语》《孝经》。每卷诵文十科,全通者与出身。仍每年冬,本贯申送礼部,同明经举人例,考试讫闻奏。"①

2. 令狐峘撰成《玄宗实录》一百卷

按:《唐会要·史馆上·修国史》卷六十三曰:"峘著述虽精,属丧乱之后,起居注亡失。纂开元天宝间事,唯得诸家文集编,其诏册名臣传记,十无三四,后人以漏略讥之。"②

3. 韩愈生

韩愈(768—824),字退之,河南河阳人,唐代儒家学者、文学家、思想家、教育家。其先世曾居昌黎,故亦称"韩昌黎"。长庆四年十二月卒,时年五十七岁,赠礼部尚书,谥"文"。韩愈曾官至吏部侍郎,后世称韩吏部、韩文公。韩愈主持编撰《顺宗实录》五卷,撰有《论语注》十卷,门人李汉编其诗文为《昌黎先生集》四十卷。

---

① 《唐会要》,中华书局 1955 年版,第 1399 页。
② 《唐会要》,中华书局 1955 年版,第 1095 页。

大历四年　公元769年

1. 郑洵卒

郑洵(714—769),字号不详,荥阳人,精通《三礼》,工诗文琴艺。举明经科,历华阴参军、郑县尉、协律郎著等职,卒于岳州官舍。尝修《琴谱》,撰有《东宫要录》十卷,另有集二十卷,皆佚。

大历五年　公元 770 年

1. 杜甫卒

　　杜甫(712—770),字子美,自号少陵野老,世又称杜工部、杜拾遗,亦称杜少陵、杜草堂,祖籍襄阳(今湖北襄樊),生于巩县(今属河南)。盛唐著名诗人,其人被誉为"诗圣",其诗被誉为"诗史",与李白齐名,号为"李杜"。少时即能诗,且胸怀大志。开元十九年,出游郇瑕,客居吴越之地。开元二十四年,举进士而落第,游于齐赵间。天宝十四年,仅擢河西尉,不拜,遂改右卫率府胄曹参军。同年,安史之乱爆发,天子入蜀,杜甫到鄜州羌村避难。后在北上投奔灵武帝的途中不幸为叛军俘虏,押至长安。至德二年,杜甫自长安宵遁赴河西,谒肃宗于彭原郡,拜右拾遗。又于乾元元年六月出为华州司功参军。后做了严武的参谋,为检校工部员外郎。大历五年冬,卒于由潭州往岳阳的一条小船上,时年五十九岁。

　　杜诗是一段唐代社会状况的历史实录,因此也被赞为"诗史"。杜诗以古体、律诗见长,诗风沉郁顿挫。杜诗约有一千五百多首存世,大多集于《杜工部集》。

2. 岑参卒

　　岑参(715—770),字号不详,南阳人,唐朝著名边塞诗人,与高适并称"高岑"。天宝三载,登进士第,授右内率府兵曹参军。天宝八载,充安西四镇节度使高仙芝幕府掌书记。天宝十载,回长安,与杜甫、高适等游。十三载,又充安西北庭节度使封常清判官,再次出塞。安史乱起,岑参东归勤王,杜甫等推荐他为右补阙。乾元二年改任起居舍人。不久贬谪虢州长史,后又任太子中允、虞部、库部郎中,出为嘉州刺史,因此人称"岑嘉州",客死成都舍。《全唐文》卷三五八录存其文一篇,《全唐诗》卷一九八至二〇一辑编其诗为四卷。

按:岑参殁后卅年,其子岑佐公收集遗文,请杜确编成《岑嘉州诗集》八卷,是为岑诗编集之始。岑参事迹见杜确《岑嘉州集序》《唐诗纪事》《唐才子传》。近人赖义辉作《岑参年谱》,闻一多作《岑嘉州系年考证》,李嘉言作《岑诗系年》。

3. 啖助卒

啖助(724—770),字叔佐,赵州人,中唐经学家、儒家学者。天宝末,曾历任临海尉、丹杨主簿。啖助长于《春秋》学,好标新立异,所论多异于先儒。他以十年的功夫,撰成《春秋集传》和《春秋统例》二书,后又由其弟子赵匡和陆淳加以补充完善,其主要思想保存在陆淳编定的《春秋集传纂例》之中。啖助的著作已佚,清马国翰《玉函山房辑佚书》中辑有啖助《春秋集传》一卷,《全唐文》卷三五三录存其文两篇。

大历六年　公元771年

1.颜真卿委左辅元编《临川集》十卷

《全唐文·殷亮·颜鲁公行状》曰:"于大历三年迁抚州刺史,在州四年,以约身减事为政。然而接遇才人,耽嗜文卷,未曾暂废焉。因命在州秀才左辅元编次所赋,为《临川集》十卷。"[①]

---

① 《全唐文》,中华书局1983年版,第5229页。

大历七年 公元772年

1. 贾至卒

　　贾至(718—772)，字幼几，洛阳人，中唐文学家。贾至以文著称，受中唐古文作家独孤及、梁肃等推崇，与李白、杜甫、严武、房琯友善。天宝初明经擢第，任校书郎、单父尉等职。天宝末为中书舍人。乾元元年出为汝州刺史，次年贬为岳州司马，宝应元年复为中书舍人，次年为尚书左丞。大历初封信都县伯，迁京兆尹，终右散骑常侍，卒谥"文"。著有《百家类例》十卷，另有集二十卷、别集十五卷，已佚。《全唐文》卷三六六至三六八编录其文为三卷，《全唐诗》卷二三五录存其诗一卷。

2. 元结卒

　　元结(719—772)，字次山，原籍太原，世居汝州，中唐文学家、学者。少不羁，年十七，乃折节向学，事元德秀。天宝间举进士，苏元明称与肃宗。史思明攻河阳，元结上时议三篇，帝悦，擢右金吾兵曹参军，摄监察御史。以讨贼功，迁监察御史。又进水部员外郎，佐荆南节度使吕諲拒贼。晚拜道州刺史，免徭役，收流亡。进授容管经略使，身谕蛮豪，绥定诸州，民乐其教，立碑颂德。罢还京师，卒。代宗时，以亲老归樊上，著书自娱，始号琦玗子，继称浪士，亦称漫郎，既客樊上，更称聱叟。

　　元结著有《元子》十卷，《文编》十卷，《琦玗子》一卷，《漫说》七篇。元结几乎不写近体诗，除少数四言、骚体与七古、七绝外，主要是五言古风，其诗质朴淳厚，笔力遒劲，颇具特色。元结的散文不同流俗，其杂文体散文大抵短小精悍，笔锋犀利，或直举胸臆，或托物刺讥，揭露人间伪诈，鞭挞黑暗现实。其他散文如书、论、序、表、状之类,均刻意求古,意气超拔,和当时文风不同。后人对元结评价很高,唐代裴敬把他与陈子昂、苏源明、萧颖士、韩愈并提,又有人把他看作韩柳古文运动的先驱。

著作多有散佚,自编诗选《箧中集》尚存。现存的集子常见者有明郭勋刻本《唐元次山文集》、明陈继儒鉴定本《唐元次山文集》、淮南黄氏刊本《元次山集》,今人孙望校点有《元次山集》。《全唐文》卷三八〇至三八三编录其文四卷,《全唐诗》卷二四〇至二四一编录其诗两卷。

大历八年 公元 773 年

1. 李羔编其父李华诗文为《中集》二十卷,独孤及作序

《全唐文·独孤及·检校尚书吏部员外郎赵郡李公中集序》卷三八八曰:"自监察御史已后所作颂赋、诗歌、碑表、叙论、志记、赞祭,凡一百四十三篇。公长子羔字宗绪,编为二十卷,号《中集》。……及于公才,宜播其述作之美,明于后人,故拜命之辱而不让,今乃著其文德,为之冠于篇首焉。"①

2. 柳宗元生

柳宗元(773—819),字子厚,唐代文学家、哲学家,唐宋八大家之一。祖籍河东(今山西永济),后迁长安(今陕西西安)。与韩愈共同倡导唐代古文运动,并称韩柳。因他是河东人,终于柳州刺史任上,人称柳河东、柳柳州。

---

① 《全唐文》,中华书局 1983 年版,第 3947 页。

大历九年 公元774年

1. 颜真卿是春重修《韵海镜源》,编为三百六十卷

《全唐文·殷亮·颜鲁公行状》卷五一四曰:"公初在平原,未有兵革之日,著《韵海镜源》,成一家之作。始创条目,遂遇禄山之乱,寝而不修者二十余年。及至湖州,以俸钱为纸笔之费,延江东文士萧存、陆士修、裴澄、陆渐、颜祭、朱弇、李萼、清河寺僧智海,兼善小篆书吴士汤涉等十余人,笔削旧章,该搜群籍,撰定为三百六十卷。大凡据《法言》《切韵》次其字,按经史及诸子语,据音韵次字成句者刊成文,裁以类编。又按《仓雅》及《说文》《玉篇》等,其义各注其下,谓之字脚。'韵海'者,以牢笼经史之语,依韵次之,其多如海;'镜源'者,八体之本,究形声之义,故曰'镜源'。绵亘数载,其功乃华,表奏上之,有诏付所司藏之于书府。"①

《颜鲁公神道碑》曰:"尝著《韵海镜源》,遭难而止。至是,乃延集文士,纂而成文。古今文字该于理者,撷华撮要,罔有不备,为三百六十卷。以其包荒万汇,其广如海,自末寻源,照之如镜,遂以名之。"

2. 李华卒

李华(715—774),字遐叔,赵州赞皇人,中唐文学家,与萧颖士并称"萧李"。与萧颖士、颜真卿等共倡古义,开韩柳古文运动之先河。开元二十三年登进士第,天宝二年登博学宏辞科,官监察御史、右补阙。安禄山陷长安时,被迫任凤阁舍人。安史之乱平定后,贬为杭州司户参军。次

---

① 《全唐文》,中华书局 1983 年版,第 5229—5230 页。

年,因风痹去官,后又托病隐居大别山南麓以终,信奉佛法。唐代宗大历元年病故。李华的文章"大抵以《五经》为泉源","非夫子之旨不书",主张"尊经""载道"。其传世名篇有《吊古战场文》,亦有诗名。有《前集》十卷、《中集》二十卷,已散佚,后人辑有《李遐叔文集》四卷。《全唐文》卷三一四至三二一编录其文为八卷,《全唐诗》卷五三编录其诗为一卷。

按:李华卒年,史无明载。《全唐文》卷五二二梁肃《为常州独孤使君祭李员外文》谓其卒于"大历元年五月"。傅璇琮《唐五代文学编年史》(中唐卷)谓"元年"当为"九年"之形误。今从傅说。

3. 李翱生

按:李翱生年,历有歧说。今从卞孝萱、张清华、阎琦合著《李翱评传》。

大历十年　公元 775 年

1. 崔元翰寄书独孤及,论文章之道与政教关系

崔元翰《与常州独孤使君书》载《全唐文》卷五二三。

2. 张参主持缮写《五经壁本》

《全唐文·张参·五经文字序例》卷七五九载:"今制国子监置书学博士,立《说文》、石经、《字林》之学,举其文义,岁登下之,亦古之小学也。自顷考功、礼部课试贡举,务于取人之急,许以所习为通,人苟趋便,不求当否。字失六书,犹为台事,五经本文,荡而无守矣。十年夏六月,有司以职事之病上言其状,诏委国子儒官勘校经本,送尚书省。参幸承诏旨,得与二三儒者分经钩考而共决之,互发字义,更相难极。又以前古字少,后代稍益之,故经典音字多有假借。陆氏《释文》,自南徂北,遍通众家之学,分析音训,特为详举,固当以此正之。卒以所刊书于屋壁,虽未如蔡学之精密,石经之坚久,慕古之士,且知所归。"①

---

① 《全唐文》,中华书局 1983 年版,第 4677 页。

大历十一年　公元 776 年

1. 国子司业张参等奉诏校订《五经》文字，六月撰成《五经文字》三卷，进上

《全唐文·张参·五经文字序例》卷四五八："十年夏六月，有司以职事之病上言其状，诏委国子儒官勘校经本，送尚书省。参幸承诏旨，得与二三儒者分经钩考而共决之，互发字义，更相难极。……乃命孝廉生颜传，经收集疑文互体，受法师儒，以为定例，凡一百六十部，三千二百三十五字，分为三卷。……大历十一年六月七日，司业张参序。"①

----

① 《全唐文》，中华书局 1983 年版，第 4677 页。

大历十二年　公元777年

1. 独孤及卒

独孤及（725—777），字至之，洛阳人，中唐学者、诗人。天宝末，以道举高第，登洞晓玄经科，补华阴尉。代宗召为左拾遗，俄改太常博士。迁礼部员外郎，历濠、舒二州刺史，徙常州刺史，卒谥"宪"。门人梁肃编其诗文为《毗陵集》二十卷。《全唐文》卷三八四至三九三编录其文为十卷，《全唐诗》卷一四六至一四七编录其诗为两卷。

按：独孤及为古文运动之先驱，以为文当立宪训世、彰明善恶，论诗主缘情绮靡说，独孤及与萧颖士于大历、贞元年间最为儒林所推重。

2. 元载卒

元载（？—777），生年不详，字公辅，凤翔岐山人。自幼嗜学，好属文，性敏惠，博览子史，尤学道书。开元末登第，累拜同中书门下平章事，在相位多年，权倾四海，后为代宗赐死。尝监修《玄宗实录》一百卷、《肃宗实录》三十卷，撰有《周易集注》一百卷、《南华通微》十卷，另有集十卷，已佚。《全唐文》卷三六九录存其文六篇，《全唐诗》卷一二一录存其诗一首。

唐德宗建中元年　公元780年

1. 刘晏卒

刘晏(715—780)，字士安，曹州南华人，中唐学者、经济改革家、理财家。唐肃宗时，任户部侍郎，兼御史中丞，充度支、铸钱、租庸等使。唐代宗时，为京兆尹、户部侍郎，兼御史大夫，领度支、盐铁、转运、铸钱、租庸等使。不久，提任吏部尚书，同中书门下平章事。刘晏实施了一系列的财政改革措施，为安史之乱后的唐朝经济发展做出了重要的贡献。因宰相杨炎构陷，被赐自尽。尝注《春秋公羊违义》三卷，撰有家谱一卷，皆佚。《全唐文》卷三七〇及《唐文拾遗》卷一二三录存其文四篇，《全唐诗》卷一二〇录存其诗两首。

建中三年　公元 782 年

1. 以孔子三十七代孙孔齐贤为兖州司功,袭爵文宣公

《旧唐书·德宗纪上》卷十二:建中三年春闰一月,"闰月丙申,以文宣王三十七代孙齐贤为兖州司功,袭文宣公"①。

2. 颜真卿上《请定武成庙释奠奏》

《唐会要·武成王庙》卷二十三:"至建中三年闰正月二十五日,礼仪使颜真卿奏:'武成王庙用乐,臣伏以自太公封武成王,追封之礼与诸侯王名位义同,庙庭用乐合准诸侯之数。今请每至释奠奏轩悬之乐。敕旨,宜付所司。'至七月十一日,史馆伏奏表:今年五月十五日敕,武成王庙配享人等,宜令史馆参详定名闻奏者。又准开元十九年四月敕,宜拣取自古名将充十哲、七十二弟子。"②

3. 徐浩卒

徐浩(703—782),字季海,祖籍吴兴,越州人,中唐学者,擅书法、工诗文。开元间明经及第,累任中书舍人、集贤殿学士、尚书右丞等职。代宗时为中书舍人,后贬为明州别驾,卒谥"定"。著有《广孝经》十卷、《书谱》一卷、《古迹记》一卷、《庐陵王事》一卷。《全唐文》卷四四〇录存其文五

---

① 《旧唐书》,中华书局 1975 年版,第 331 页。
② 《唐会要》,中华书局 1955 年版,第 435—436 页。

篇,《全唐诗》卷二一五录存其诗两首。

4.颜真卿令门生左辅元将其所制仪注
编为《礼仪》十卷

《全唐文·殷亮·颜鲁公行状》卷五一四曰:"今上谅暗之际,诏公为礼仪使。先自玄宗以来,此礼仪注废阙,临事徐创,实资博古练达古今之旨。所以朝廷笃于讪疾者,不乏于班列,多是非公之为。公不介情,惟搜《礼经》,执直道而行已。今上察而委之,山陵毕,授光禄大夫,迁太子少师,依前为礼仪使。前后所制仪注,令门生左辅元编为《礼仪》十卷,今存焉。"①

5.柳芳约是年或稍后卒

柳芳(?—约782),生年不详,字仲敷,蒲州河东人,中唐学者。通古今仪注,精于史学、谱牒学。开元末擢进士第,由永宁尉直史馆。上元中,坐事徙黔中,后历左金吾卫骑曹参军、史馆修撰。尝奉诏与韦述缀辑吴兢所次《国史》一百三十卷,著有《永泰新谱》二十卷、《大唐宰相表》三卷、《唐历》四十卷,皆佚。《全唐文》卷三七二录存其文两篇。

---

① 《全唐文》,中华书局 1983 年版,第 5230 页。

唐德宗兴元元年　公元 784 年

1. 颜真卿卒

　　颜真卿(709—784)，字清臣，京兆万年人，祖籍琅玡临沂。颜师古五世从孙，中唐学者、书法家。唐玄宗时，因得罪权臣杨国忠，被贬为平原太守，世称"颜平原"。唐代宗时，封鲁郡公，人称"颜鲁公"。兴元元年，奉诏晓谕叛将李希烈，凛然拒贼，终被缢杀。追赠司徒，谥"文忠"。尝撰有《礼乐集》十卷、《家教》三卷，有《吴兴集》《庐陵集》《临川集》各十卷，编有《韵海镜源》三百六十卷。著作多有散佚，宋人辑有《颜鲁公集》。《全唐文》卷三三六至三四四编录其文为九卷，《全唐诗》卷一五二录存其诗十首。

　　按：颜真卿为唐代著名的书法家，擅长行、楷。其创"颜体"楷书，对后世影响很大，行书气势遒劲。与柳公权并称"颜柳"，称"颜筋柳骨"，与赵孟頫、柳公权、欧阳询并称"楷书四大家"。

唐德宗贞元二年　公元 786 年

1. 唐德宗下《命举选人习开元礼诏》

《全唐文·德宗皇帝·命举选人习开元礼诏》卷五一曰："《开元礼》国家盛典，列圣增修。今则不列学官，藏在书府，使效官者昧于郊庙之仪，治家者不达冠婚之义。移风固本，合正其源。自今已后，举选人有能习《开元礼》者，举人同一经例，选人不限选数许集。但问大义一百条，试策三道，全通者超资与官；义通七十条，策通二道已上者，放及第；已下不在放限。其有试官能通者，亦依正员官例处分。其明经举人有能习律一部以代《尔雅》者，如帖义俱通，于本色减两选，令即日与官。其明法举人有能兼习一经，小帖义通者，依明经例处分。"①

2. 刘太真奏请详校九经，因议者谏阻，未行

《唐会要·秘书省》卷六十五曰："贞元二年七月，秘书监刘太真上言：请择儒者详校九经于秘书省，令所司陈设及供食物，宰臣录其课效。从之。议者谓秘书省有校书正字官十六员，职在校理。今授非其人，乃别求儒者详定，费于供应，烦于官寮，太真之请，失之甚矣。"②

---

① 《全唐文》，中华书局 1983 年版，第 561 页。
② 《唐会要》，中华书局 1955 年版，第 1124 页。

贞元三年　公元 787 年

1. 韩滉卒

　　韩滉（723—787），字太冲，京兆长安人，中唐学者、画家、书法家。天宝中以荫补骑曹参军，至德年间任吏部员外郎，性强直，明吏事，以户部侍郎判度支数年。德宗时，为镇海军节度使，遣将破走李希烈，调发粮帛以济朝廷。贞元初，加检校左仆射及江淮转运使，封晋国公。韩滉工书法，草书得张旭笔法。画远师刘宋陆探微，擅绘人物及农村风俗景物，摹写牛、羊、驴等动物尤佳。所作《五牛图》，元赵孟𫖯赞为"神气磊落，希世名笔"。好《易》及《春秋》，著有《春秋通》六卷、《天文事序议》一卷等，均佚。《全唐文》卷四三四、《唐文拾遗》卷二三录存其文六篇，《全唐诗》卷二六二存其诗二首。

贞元四年　公元 788 年

1. 重定集贤院之制

《唐会要·史馆下·集贤院》卷六十四："贞元四年……六月,集贤院准《六典》有学士及直学士,准《集贤注记》,外有校理、待制、留院、入院、侍讲、刊校、修撰、修书及直院等。色类徒多,等秩无异。今请登朝官五品已上,准《六典》为学士,六品已下为直学士。学士中取一人最高者判院事,阙学士即以直学士中高者充。自余非登朝官,不问品秩,并为校理,其余名一切勒停,仍永为常式。从之。"①

---

① 《唐会要》,中华书局 1955 年版,第 1120 页。

贞元九年 公元 793 年

1. 梁肃卒

梁肃(753—793),字敬之,一字宽中,陆浑人,中唐学者、文学家。建中元年,登文辞清丽科,授太子校书郎。复受荐为右拾遗,以母老病辞。贞元五年,召为监察御史,转右补阙、翰林学士、皇太子诸王侍读、史馆修撰。梁肃师事独孤及,为古文运动早期代表。作古文尚古朴,崇尚两汉遗风,名重于时,为韩愈、柳宗元、李翱所师法。贞元八年,梁肃协助陆贽主试,推举韩愈、欧阳詹等登第。梁肃为天台宗湛然、元浩弟子,尝著有《释氏止观统例》,有《梁肃集》二十卷,已佚。《全唐文》卷五一七至五二二编录其文为六卷。

贞元十年 公元794年

1. 李观卒

李观(766—794),字元宾,赵州赞皇人,中唐文学家,李华之子。贞元八年与韩愈、欧阳詹等同登进士第。次年中博学宏词科,官至太子校书郎,一年后客死长安。有《李观集》三卷,陆希声纂。北宋赵昂又辑其遗文为《外编》二卷。清秦恩复于五卷之外,又得六篇,及赵昂所阙二篇,为《续编》一卷,合而编之,称《李元宾文集》六卷。然《续编》所录《吊汉武帝文》,为欧阳詹作,系误收。《全唐文》卷五三二至五三五编录其文为四卷,《全唐诗》卷三一九录存其诗四首。

2. 沈既济是年前后任礼部员外郎,作《词科论》,抨击科举以文章取士

沈既济《词科论》载《全唐文》卷四七六。

贞元十一年 公元795年

1. 崔元翰卒

崔元翰(729—795),名鹏,以字行,博陵安平人,中唐文学家。唐德宗建中二年状元及第,连中三元,累迁太常博士、礼部员外郎。贞元七年,知制诰。有集三十卷,已佚。《全唐文》卷五二三录存其文十三篇,《全唐诗》卷三一三存其诗七首。

按:崔元翰主张文以载道,是古文运动代表者之一,于对策、奏记及碑志师法班固、蔡邕。

贞元十二年　公元 796 年

1. 德宗召集沙门、道士、文儒官讨论三教

《旧唐书·德宗纪下》卷十三：贞元十二年四月"庚辰，上降诞日，命沙门、道士加文儒官讨论三教，上大悦"①。

---

① 《旧唐书》，中华书局 1975 年版，第 383 页。

贞元十四年　公元 798 年

1.韩愈与张籍论为文之道,张籍作《上韩昌黎书》《上韩昌黎第二书》,劝韩愈自论著,以接续圣人之道

张籍《上韩昌黎书》《上韩昌黎第二书》载《全唐文》卷六八四。

贞元十六年　公元 800 年

1. 十月,独孤郁撰《辨文》,论为文之道

独孤郁《辨文》载《全唐文》卷六八三。

贞元十七年　公元 801 年

1. 杜佑著成《通典》二百卷，十月使人诣阙献上，德宗优诏嘉之，使藏之书府

《旧唐书·德宗纪下》卷一三，以及《旧唐书·杜佑传》卷一四七系于本年十月，《唐会要》卷六三作贞元十九年二月，今从前者。

按：《通典》是一部主要记述唐天宝以前历代经济、政治、礼法、兵刑等典章制度及地志、民族的体例完备的政书，为"十通"之一。《通典》在历史编纂学史上占有重要地位，是典章制度专史的开创之作。

2. 韦渠牟卒

韦渠牟（749—801），字不详，号遗名子，京兆万年人，中唐学者。渠牟少聪慧，博览经史，初为道士，后为僧。兴元中，韩滉镇浙西，奏授试秘书郎，累转四门博士，历秘书郎、右补阙、左谏议大夫、太府卿，官终太常卿。尝撰有《庄子会释》《老子释文》《金刚经释文》《孝经疏》《贞元新集开元后礼》等，有《韦渠牟诗集》十卷，均佚。《全唐文》卷六二三存其文一篇，《全唐诗》卷七八八存其诗二十一首。

贞元十八年 公元 802 年

1. 李翱撰成《复性书》三篇

　　按：《复性书》是李翱哲学思想的代表作，分上、中、下三篇。上篇论证"性"和"情"的关系，以及性和情在"圣人"和"百姓"间的区别，并自谓得儒家性命之道的真传。中篇用问答的形式，提出成为圣人的修养方法。下篇强调道德修养的必要性。李翱主张性善情恶，认为人们由于受到七情的蒙蔽，故本性藏而不露，唯有除去情欲，善性才能恢复，并可超凡入圣。这是取名《复性书》的主要含义。

贞元十九年　公元 803 年

1. 苏冕、苏弁撰成《会要》四十卷

《旧唐书·儒学下·苏冕传》卷一八九下曰："冕缵国朝政事,撰《会要》四十卷,行于时。弁聚书至二万卷,皆手自刊校,至今言苏氏书,次于集贤秘阁焉。"[①]

按:"会要"曾是官修政书的名称,后来,因私人编撰的很多,成为私人编撰政书的通称。"会要"体例即苏冕开创,他曾把唐高祖到德宗(650—780)九朝的典制事迹编成《会要》四十卷。唐宣宗大中七年(853),崔铉、杨绍复等奉皇帝之命续编德宗至宣宗的典制事迹,成《续会要》四十卷。宋代王溥以此二书为基础,补收唐宣宗到唐末的史料,编成《唐会要》一百卷,材料翔实,可以补充新、旧《唐书》,甚至《文献通考》所缺的史料。可惜原书已有残缺。中华书局 1955 年重印出版。

---

① 《旧唐书》,中华书局 1975 年版,第 4977 页。

贞元二十一年/唐顺宗永贞元年　公元805年

1. 韩愈约是年前后撰《五原》

韩愈《五原》写作时间,有不同说法。刘国盈《五原的写作时间》(《韩愈丛考》)谓撰于贞元二年至十一年,南宋樊汝霖《韩文公年谱》、近人李长之《韩愈》等谓撰于本年前后,今人邓小军《唐代的文化宣言——韩愈〈原道〉论考》(《孔子研究》1991年第4期)谓撰于元和八年至十二年。

按:《五原》,即《原道》《原性》《原人》《原鬼》《原毁》。

2. 陆贽卒

陆贽(754—805),字敬舆,苏州嘉兴人,中唐政治家、文学家。大历八年登进士第,中博学宏辞、书判拔萃科。德宗即位,召充翰林学士。贞元八年出任宰相,两年后因事被贬充忠州别驾,永贞元年卒于任所,谥曰"宣"。撰有《制诰集》十卷、《论议表疏奏》十二卷、《遣使录》一卷、《备举文言》二十卷等,有《陆宣公翰苑集》二十四卷行世。《全唐文》卷四六〇至四七五编录其文十六卷,《全唐诗》卷二八八存其诗三首。

3. 陆质卒

陆质(？—805),生年不详,吴郡人,本名淳,因避宪宗讳而改名,中唐经学家,尤精于《春秋》。少师事赵匡,匡师啖助。助、匡皆为异儒,颇传其学,由是知名。起淮南节度府从事,后拜左拾遗,转太常博士,累迁左司郎中,坐细故,改国子博士,历信、台二州刺史,卒于给事中、皇太子侍读。著有《集注春秋》二十卷、《类礼》二十卷、《君臣图翼》二十五卷,已佚。《全唐文》卷六一八、《唐文拾遗》卷二六、《唐文续拾》卷四存其文八篇,《全唐诗续拾》存其诗一首。

4.令狐峘卒

令狐峘,生年、字号不详,宜州华原人,令狐德棻五世孙,中唐史学家。天宝末中进士第,历任华原县尉、右拾遗,累迁起居舍人。代宗大历年间,任刑部员外郎,迁司封郎中,知制诰,兼史馆修撰。德宗时被贬为衡州别驾,后迁为衡州刺史。贞元三年,被召入朝授太子左庶子,复任史馆修撰。贞元五年,因故被贬为吉州别驾,后迁为刺史,最后贬为衢州别驾。805年,顺宗即帝位,召峘回朝任秘书少监,卒于北返途中。撰有《玄宗实录》一百卷、《代宗实录》四十卷,已佚。《全唐文》卷三九四存其文两篇。

唐宪宗元和元年　公元 806 年

1. 白居易撰成《策林》四卷，凡七十五篇

白居易《策林序》曰："元和初，予罢校书郎，与元微之将应制举，退居于上都华阳观，闭户累月，揣摩当代之事，构成策目七十五门。及微之首登科，予次焉。凡所应对者，百不用其一二。其余自以精力所致，不能弃捐，次而集之，分为四卷，命曰《策林》云耳。"①

---

① 顾学颉校点：《白居易集》，中华书局 1979 年版，第 1287 页。

元和二年　公元 807 年

1. 八月,宪宗敕令通儒学者数人于国子监与诸州府乡贡明经进士讲论

《唐会要·东都国子监》卷六十六曰:"二年八月,国子监奏:准敕,今月二十四日,诸州府乡贡明经进士见讫,宜令就国子学官讲论,质定疑义,仍令百寮观礼者。伏恐学官职位稍卑,未足饰扬盛事。伏请选择常参官有儒学者三两人,与学官同为讲说,庶得圣朝大典辉映古今。于是命兵部郎中蒋武、考功员外郎刘伯刍、著作郎李蕃、太常博士朱颖、郯王府咨议章廷珪同赴国子监论讲。"①

2. 刘肃撰成《大唐新语》十三卷

《全唐文·刘肃·大唐新语序》卷六九五曰:"圣唐御寓,载几二百,声明文物,至化元风,卓尔于百王,辉映于前古。肃不揆庸浅,辄为纂述,备书微婉,恐贻床屋之尤;全采风谣,惧招流俗之说。今起自国初,迄于大历,事关政教,言涉文词,道可师模,志将存古,勒成十三卷,题曰《大唐新语》。聊以宣之开卷,岂敢传诸奇人。时元和丁亥岁有事于圜丘之月序。"②

---

① 《唐会要》,中华书局 1955 年版,第 1159 页。
② 《全唐文》,中华书局 1983 年版,第 7138 页。

元和三年　公元 808 年

1. 凌准卒

凌准(？—808)，生年不详，字宗一，杭州富阳人，中唐学者。少有志节，读书为文，年仅二十即被擢为崇文馆校书郎，累迁翰林院侍从学士，"永贞新政"时任尚书郎，旋迁尚书都官员外郎。"永贞新政"失败之后，凌准与柳宗元等八人被贬往远州僻壤，卒于桂阳。著有《后汉春秋》二十万言，草撰《六经解围》及《人文集》等，皆佚。

元和四年　公元 809 年

1. 冯伉卒

冯伉(744—809)，字号不详，祖籍魏州元城，中唐学者。建中四年，登博学三史科，累迁尚书兵部侍郎、同州刺史、国子祭酒、左散骑常侍，又领导太学，卒于官，追赠礼部尚书。尝作《谕蒙》十四篇、《三传异同》三卷，皆佚。《全唐文》卷四三八存其文一篇，《全唐诗》卷一五、卷三三〇存其诗四首。

元和五年　公元 810 年

1. 裴垍、蒋乂撰成《德宗实录》五十卷

《唐会要·史馆上·修国史》卷六十三曰："五年十月,宰臣裴垍与史官蒋乂等撰《德宗实录》五十卷,献之。"①

---

① 《唐会要》,中华书局 1955 年版,第 1097 页。

元和六年　公元 811 年

1. 柳宗元作《送僧浩初序》，谓浮屠有不可斥者，
往往与《易》《论语》合

《送僧浩初序》载《柳宗元集》卷二十五。

2. 吕温八月卒

吕温（772—811），字和叔，一字化光，河中人，中唐学者、文学家、诗人。贞元末登进士第，历任左拾遗、侍御史、户部员外郎，因曾被贬衡州刺史，世称吕衡州。吕温尝从陆质治《春秋》，向梁肃学古文。有《吕衡州集》十卷，已散佚，今存《吕叔合文集》五卷。《全唐文》卷六二五至六二七编录其文为三卷、《全唐诗》卷三七〇至三七一编录其诗两卷。

元和七年　公元 812 年

1. 林宝撰成《元和姓纂》十卷

按:《元和姓纂》,中国唐代谱牒姓氏之学专著。原本十卷,今有十卷本、十八卷本两种。唐宪宗时宰相李吉甫命林宝修撰,元和七年成书。作者林宝以擅长姓氏之学知名,曾与崔郾等共同审定《格后敕》,并参与修撰《德宗实录》和《皇唐玉牒》。该书详载唐代族姓世系和人物,于古姓氏书颇多征引,保存了一些佚书的片段。原书体例以皇族李氏为首,然后按四声韵部分系姓氏。唐代崇尚门第,家谱往往攀附望族以自重。《姓纂》取材包括私家谱牒,故所述族姓来源未必都翔实准确。原书久已失传,清乾隆间纂修《四库全书》时从《永乐大典》辑出,再用宋邓名世《古今姓氏书辨证》等补缺,重新分为十八卷,此为《四库》辑本。清孙星衍、洪莹及近人罗振玉都做过校补。此后岑仲勉又重行校勘,写成《元和姓纂四校记》。所谓"四校",指第四次校勘,以《四库》辑本为一校,孙、洪为二校,罗振玉为三校,岑氏所作为第四校。该书晚出,后来居上,功力最深,收获也最大,有中华书局排印本。

2. 杜佑卒

杜佑(735—812),字君卿,京兆万年人,中唐史学家、学者、名臣。佑以门资入仕,历任江淮青苗使、容管经略使、水陆转运使、度支郎中兼和籴使等,又以户部侍郎判度支,后出为岭南、淮南节度使。唐德宗贞元十九年,杜佑入为同中书门下平章事,历顺宗、宪宗二朝,均以宰相兼度支使、盐铁使。唐宪宗元和七年六月,杜佑以年老致仕,十一月病卒。尝撰有《通典》二百卷,今存。另有《理道要诀》十卷、《管氏指略》两卷等。《全唐文》卷四七七编录其文为一卷。

元和九年　公元 814 年

1. 李吉甫卒

　　李吉甫(758—814)，字弘宪，赵州赞皇人，中唐学者、地理学家、名臣。以门荫入仕，德宗时，任驾部员外郎，后出为刺史。宪宗即位，征为考功员外郎、知制诰，累迁翰林学士、中书舍人、淮南节度使、中书侍郎、平章事等职。尝监修《顺宗实录》五卷，著有《六代略》三十卷、《元和郡县图志》五十四卷、《国计簿》十卷、《百司举要》一卷、《十道图》十卷、《删水经》十卷、《古今地名》三卷等，多散佚，今仅存《元和郡县图志》残本三十四卷。《全唐文》卷五一二、《唐文拾遗》卷二四、《唐文续拾》卷六录存其文二十六篇，《全唐诗》卷三一八存其诗四首。

元和十年　公元 815 年

1.韩愈等纂成《顺宗实录》五卷

《全唐文·韩愈·进顺宗皇帝实录表状二首》卷五四七："去八年十一月,臣在史职,监修李吉甫授臣以前史官韦处厚所撰《先帝实录》三卷,云未周悉,令臣重修。臣与修撰左拾遗沈传师、直馆京兆府咸阳县尉宇文籍等共加采访,并寻检诏敕,修成《顺宗皇帝实录》五卷。"[①]

《旧唐书·韩愈传》评此事云:"时谓愈有史笔,及撰《顺宗实录》,繁简不当,叙事拙于取舍,颇为当代所非。"[②]

2.独孤郁卒

独孤郁(776—815),字古风,河南洛阳人,中唐学者、文学家、史学家,独孤及次子。二十四岁中进士,为权德舆赏识,以女妻之。始任奉礼郎,累迁监察御史。元和元年,登才识兼茂明于体用科,升右拾遗。翌年兼史馆修撰,后擢为翰林学士。权德舆为相,以翁婿之嫌,辞内职,改任考功员外郎,充史馆修撰。元和九年,官秘书少监,因病退居鄠县,次年病卒。尝参修《德宗实录》五十卷,与白居易、元稹合撰《元和制策》三卷。《全唐文》卷六八三录存其文五篇。

---

① 《全唐文》,中华书局 1983 年版,第 5549 页。
② 《旧唐书》,中华书局 1975 年版,第 4204 页。

元和十一年　公元816年

1.韦公肃撰成《礼阁新仪》三十卷

《新唐书·礼乐志一》曰:"元和十一年,秘书郎、修撰韦公肃又录开元已后礼文,损益为《礼阁新仪》三十卷。"①

---

① 《新唐书》,中华书局1975年版,第309页。

元和十二年　公元 817 年

1. 宪宗敕令史官纪时政

十二年九月，起居舍人庾敬休向唐宪宗上奏："天子视朝，宰相群臣以次对，言可传后者，承旨宰相示左右起居，则载录季送史官，如故事。""诏可。既而执政以几密有不可露，罢之。"①

宪宗之诏载于《唐会要》："十二年九月诏：记事记言，史官是职，昭其法诫，著在旧章，举而必书，朕所深望。自今以后，每坐日，宰臣及诸司对后，如有事可备劝诫，合记述者，委承旨宰相宣示左右起居，令其缀录。仍准旧例，每季送史馆，时起居舍人庾敬休上疏，请行故事，因有是诏。既而宰相以事关机密，不以告之，事竟不行，自左右史失职，于今几一百五十年。"②

---

① 《新唐书》，中华书局 1975 年版，第 4986—4987 页。
② 《唐会要》，中华书局 1955 年版，第 1109 页。

元和十三年　公元 818 年

1. 丁公著奉诏撰成《礼记字例异同》一卷

《新唐书·艺文志》："丁公著……《礼记字例异同》一卷（元和十三年诏定）。"[①]该书已佚。

2. 杨倞撰成《荀子注》二十卷

《全唐文·杨倞·荀子序》卷七二九："独《荀子》未有注解，亦复编简烂脱，传写谬误……辄用申抒鄙意，敷寻义理，其所征据，则博求诸书。……盖以自备省览，非敢传之将来。以文字繁多，故分旧十二卷三十二篇为二十卷，又改《孙卿新书》为《荀卿子》，其篇第亦颇有移易，使以类相从云。时岁在戊戌大唐睿圣文武皇帝元和十三年十二月也。"[②]

3. 权德舆卒

权德舆（759—818），字载之，天水略阳人，名士权皋子，中唐学者、诗人、文学家。建中元年，受辟为淮南黜陟使韩洄从事，官试秘书省校书郎，同年改任试右金吾卫兵曹参军。贞元八年，权德舆入朝为太常博士，迁左补阙，累迁起居舍人兼知制诰、驾部员外郎、司勋郎中、中书舍人、礼部侍郎、户部侍郎等。元和中，历任兵部、吏部侍郎。元和五年，自太常卿拜礼

---

① 《新唐书》，中华书局 1975 年版，第 1434 页。

② 《全唐文》，中华书局 1983 年版，第 7521—7522 页。

部侍郎、同中书门下平章事。元和八年，罢为礼部尚书，历东都留守、刑部尚书等职。元和十三年，卒于山南东道节度使任所，赠左仆射，谥曰"文"。尝撰有《童蒙集》十卷，与刘伯刍合纂《元和格敕》三十卷，另有文集五十卷、制集五十卷。今传《权载之集》五十卷，其余并佚。《全唐文》卷四八三至五〇九编其文为二十七卷，《唐文拾遗》卷二四补其文一篇。《全唐诗》卷三二〇至三二九编其诗为十卷，《全唐诗补编·补逸》卷六补诗一首，《续补遗》卷五补七首，《续拾》卷二三补二首。

按：权德舆于贞元、元和间执掌文柄，名重一时，刘禹锡、柳宗元等皆投文门下，求其品题。权氏性直谅宽恕，蕴藉风流，好学不倦，为文"尚气尚理"（《醉说》），主张"体物导志"（《唐故漳州刺史张君集序》），"有补于时"（《崔寅亮集序》），不满于"词或侈靡，理或底伏"（《崔文翰文集序》）之衰薄文风。其文弘博雅正，温润周详，公卿侯王、硕儒名士之碑铭、集纪，多出其手，时人奉为宗匠。

元和十四年　公元 819 年

1. 韩愈上《论佛骨表》,贬为潮州刺史

《旧唐书·宪宗纪下》卷十五:十四年春正月,"迎凤翔法门寺佛骨至京师,留禁中三日,乃送诣寺,王公士庶奔走舍施如不及。刑部侍郎韩愈上疏极陈其弊。癸巳,贬愈为潮州刺史"[①]。

2. 李翱以史官记事不实,向宪宗奏状

《唐会要·史馆下·史馆杂录下》卷六十四:"十四年四月,史官李翱奏:'……今之作行状者,非门生即其故吏,莫不虚加仁义礼智,妄言忠肃惠和……由是事失其本,文害于理,而行状不足以取信。若使指事书实,不饰虚言,则必有人,知其真伪。不然者,纵使门生故吏为之,亦不可谬作德善之事而加之矣。臣今请作行状者,但指事说实,直载其词,善恶功迹,皆据事足以自见矣。……若考功定谥,见行状之不依此者,不得受谥,依此者乃下太常及牒史馆,太常定谥后,亦以谥议牒送史馆。则行状之言,纵未可一一皆信,与其虚加妄言,都无事实者,犹山泽高下之不同也。史氏记录须得本末,苟凭往例,皆是虚言,则使史官何所为据? 伏乞下臣所奏,使考功守行,臣等要知事实,辄敢陈论。'制可。"[②]

---

① 《旧唐书》,中华书局 1975 年版,第 466 页。
② 《唐会要》,中华书局 1955 年版,第 1110 页。

3. 柳宗元卒

柳宗元入朝后积极参与王叔文集团政治革新,迁礼部员外郎。永贞元年(805)九月,革新失败,贬邵州刺史,十一月加贬永州司马。元和十年(815)春回京师,又出为柳州刺史,政绩卓著。宪宗元和十四年(819)逝于任所。

柳宗元一生留诗文作品六百余篇,其文的成就大于诗。骈文有近百篇,散文论说性强,笔锋犀利,讽刺辛辣,富于战斗性,游记写景状物,多所寄托。哲学著作有《天说》《天时》《封建论》等。柳宗元的作品由唐代刘禹锡保存并编成集,有《柳河东集》。

唐穆宗长庆二年　公元 822 年

1. 韦处厚、路随进所撰《六经法言》二十卷

《旧唐书·穆宗纪》卷十六：长庆二年夏四月"癸未，以武宁军节度使崔群为秘书监，分司东都。翰林侍讲学士韦处厚、路随进所撰《六经法言》二十卷，赐锦彩二百匹、银器二百事，处厚改中书舍人，随改谏议大夫，并赐金紫"①。

2. 路随与韦处厚奉诏修《宪宗实录》

《旧唐书·穆宗纪》卷十六："（长庆二年冬闰十月）己亥，敕翰林侍讲学士谏议大夫路随、中书舍人韦处厚，兼充史馆修撰《宪宗实录》，仍更日入史馆。《实录》未成，且许不入内署，仍放朝参。"②

---

① 《旧唐书》，中华书局 1975 年版，第 497 页。
② 《旧唐书》，中华书局 1975 年版，第 500 页。

长庆三年　公元 823 年

1. 谏议大夫殷侑奏礼部贡举请置《三传》《三史》科

《旧唐书·穆宗纪》卷十六:"谏议大夫殷侑奏礼部贡举请置《三传》《三史》科,从之。"①

但《唐会要·贡举中·三传》卷七十六系此事于长庆二年:"长庆二年二月,谏议大夫殷侑奏:'……伏请置三传科,以劝学者。《左传》问大义五十条,《公羊》《穀梁》各问大义三十条,策三道,义通七以上,策通二以上,与及第。其白身应者,请同五经例处分;其先有出身及前资官应者,请准学究一经例处分。'又奏:'……伏惟国朝故事,国子学有文史直者,宏文馆宏文生,并试以《史记》《两汉书》《三国志》,又有一史科。近日以来,史学都废,至于有身处班列,朝廷旧章,昧而莫知。况乎前代之载,焉能知之?伏请置前件史科……'敕旨:'宜依,仍付所司。'"②

2. 沈传师续修《宪宗实录》

《唐会要·史馆上·在外修史》卷六十三:"长庆三年六月,中书侍郎、平章事、监修国史杜元颖奏:'臣去年奉诏,命各据见在史官分修《宪宗实录》。今缘沈传师改官,若更求人,选择非易。沈传师当分,虽搜罗未周,条目纪纲已粗有绪。窃以班固居乡里,而继成《汉书》;陈寿处私家,而专精《国志》;玄宗国史,张说在本镇兼修;代宗编年,令狐峘自外郡奏上。远

---

① 《旧唐书》,中华书局 1975 年版,第 502 页。
② 《唐会要》,中华书局 1955 年版,第 1398 页。

考前代,近参本朝,皆可明征,实有成例。其沈传师一分,伏望勒就湖南修毕,先送史馆,与诸史官参详,然后闻奏。庶使官业责成,有始终之效;传闻摭实,无同异之差。'制可。"①

① 《唐会要》,中华书局 1955 年版,第 1099—1100 页。

长庆四年　公元 824 年

1. 诏举贤良之才

《册府元龟·帝王部·赦宥九》卷九十：长庆四年三月壬子,御丹凤楼,大赦天下,并制曰:"天下诸色人中,有贤良方正能言直谏、经术优深可为人师、详闲吏理达于教化、军谋宏远堪任边将者,委常参官并诸道节度、观察使、诸州刺史各举所知,限来年正月到上都。其所在淫祠不合礼经者,并委长吏禁断。"①

2. 韩愈卒

韩愈(768—824),唐德宗贞元八年进士及第,时年二十五岁。元和十四年,上《论佛骨表》谏阻宪宗迎佛骨,触怒宪宗,被贬为潮州刺史,遇赦,调任袁州刺史。穆宗时被重新启用,历任国子祭酒、兵部侍郎、吏部侍郎、京兆尹等职。长庆四年十二月卒,时年五十七岁,赠礼部尚书,谥号"文"。主持编撰《顺宗实录》五卷,撰有《论语注》十卷,门人李汉编其诗文为《昌黎先生集》四十卷。

韩愈不仅是一代文宗,也致力于复兴儒学。他自谓在尊奉儒学和崇尚古文方面"欲自振于一代",将文学革新与儒学创新以"文以载道"的形式贯穿起来。他所倡导的古文运动是中唐影响深远的思想文化运动,改革文体,振兴儒学,传圣贤之道。这场绵延数世纪的文化思潮不仅奠定了中国之文统,更是宋明理学之先声。

---

① 《册府元龟》,中华书局 1960 年版,第 1080 页。

唐敬宗宝历元年　公元 825 年

1. 天下州县,各委刺史县令,招延儒学

《册府元龟·帝王部·赦宥九》卷九十:宝历元年正月七日,制:"天下诸色人中,能精通一经堪为师法者,委国子祭酒访择,具名以闻。天下州县,各委刺史县令,招延儒学,明加训诱。"①

2. 崔郾、高重进《诸经纂要》十卷

《旧唐书·敬宗纪》卷十七上:宝历元年秋七月,"乙丑,侍讲学士崔郾、高重进《纂要》十卷,赐锦采二百匹"②。

① 《册府元龟》,中华书局 1960 年版,第 1080 页。
② 《旧唐书》,中华书局 1975 年版,第 516 页。

宝历二年　公元 826 年

1. 韦公肃注太宗所撰《帝范》十二篇成

《旧唐书·敬宗纪》卷十七上：宝历二年五月"辛未,秘书省著作郎韦公肃注太宗所撰《帝范》十二篇进,特赐锦彩百匹"①。

---

① 《旧唐书》,中华书局 1975 年版,第 519—520 页。

唐敬宗宝历三年/唐文宗大(太)和元年
公元 827 年

1. 诏纳贤才

《册府元龟·帝王部·求贤第二》卷六十八:"太和元年正月,赦书:诸色人中,有贤良方正、能直言极谏者,及经学优深、可为师法、详娴吏理、达于教化、军谋宏远、堪任将帅者,常参官及方牧郡守,各举所知。无人举者,亦听自举。并限来年正月到上都。"[1]

2. 四月,郑瀚奉旨撰《经史要录》,后书成,凡二十卷

《旧唐书·郑瀚传》卷一百五十八:"文宗登极,擢为翰林侍讲学士。上命撰《经史要录》二十卷。书成,上喜其精博,因摘所上书语类,上亲自发问,瀚应对无滞,锡以金紫。"[2]

---

① 《册府元龟》,中华书局 1960 年版,第 768 页。
② 《旧唐书》,中华书局 1975 年版,第 4167 页。

唐文宗大和二年　公元 828 年

1. 文宗于宣政殿亲试制策举人

《旧唐书·文宗纪上》卷十七上：大和二年三月"辛巳,上御宣政殿亲试制策举人。以左散骑常侍冯宿、太常少卿贾𫗧、库部郎中庞严为考制策官"①。

2. 文宗自撰集《尚书》中君臣事迹,
命画工图于太液亭,朝夕观览

《旧唐书·文宗纪》卷十七上：大和二年五月,"帝自撰集《尚书》中君臣事迹,命画工图于太液亭,朝夕观览焉"②。

3. 韦处厚卒

韦处厚(773—828),字德载,本名淳,京兆万年(今陕西西安)人。幼有至性,事继母以孝闻。性嗜学,通五经,博览史籍,文思赡逸。元和初,中进士第,授秘书省校书郎。后改咸阳县尉,迁右拾遗,并兼史职,修《德宗实录》五十卷上之,时称信史。穆宗立,为翰林侍讲学士,与路隋合撰《六经法言》二十篇上之,再迁中书舍人,侍讲如故。文宗时,拜中书侍郎、同中书门下平章事、监修国史,加银青光禄大夫,进爵灵昌郡公。太和二年十二月,暴疾卒,年五十六,赠司空。其先后参撰《德宗实录》《宪宗实录》,与路隋合撰《六经法言》,撰《大和国计》二十卷。

---

① 《旧唐书》,中华书局 1975 年版,第 528 页。
② 《旧唐书》,中华书局 1975 年版,第 529 页。

大和四年　公元 830 年

1. 诏举贤才

《唐会要·贡举下·制科举》卷七十六:"四年正月德音节文,天下诸色人中,有贤良方正、能直言极谏,及经术优深、可为师法、详明吏治、达于教化等科,委常参官及方牧郡守各举所知。草泽无人举者,亦听自举。限来年正月至上都。"①

2.《宪宗实录》成

《旧唐书·文宗纪下》卷十七下:大和四年三月"丁酉,监修国史、中书侍郎、平章事路随进所撰《宪宗实录》四十卷,优诏答之,赐史官等五人锦绣银器有差"②。

---

①　《唐会要》,中华书局 1955 年版,第 1394 页。
②　《旧唐书》,中华书局 1975 年版,第 536 页。

大和五年　公元831年

1. 元稹卒

元稹（779—831），字微之，河南人，长于诗、散文，中唐著名诗人，与白居易齐名，世称"元白"，其诗号为"元和体"。幼年丧父，家境窘迫，然九岁能属文，十五两经擢第，二十四授秘书省校书郎。元和元年举制科，对策第一，拜左拾遗。性明锐，遇事辄举，拜监察御史，后因得罪宰相被排斥，贬为江陵府士曹参军，久乃徙通州司马，改虢州长史。元和十四年，自虢州长史征还，召拜膳部员外郎。后迁中书舍人、翰林承旨学士，又为工部侍郎。太和初，加检校礼部尚书。太和三年九月，召为尚书左丞。四年正月，检校户部尚书，兼鄂州刺史、御史大夫、武昌军节度使。五年七月二十二日暴疾，卒于镇，时年五十三，赠尚书右仆射。著诗赋、诏册、铭诔、论议等杂文一百卷，号曰《元氏长庆集》。又著古今刑政书三百卷，号《类集》，并行于代。

大和七年 公元 833 年

1. 诏令国子选名儒，置五经博士各一人

《旧唐书·文宗纪》卷十七下："（七年）八月甲申朔，御宣政殿，册皇太子永。是日降诏：'……皇太子方从师傅传授六经，一二年后，当令齿冑国庠，以兴坠典。宜令国子选名儒，置五经博士各一人。'"[1]

《唐会要·东都国子监》卷六十六："七年八月，国子监起请，准今月九日德音节文，令监司于诸道搜访名儒，置五经博士一人者。伏以劝学专门，复古之制，博采儒术，以备国庠。作事之初，须有奖进。伏请五经博士，秩比国子博士。今《左氏春秋》《礼记》《周易》《尚书》《毛诗》为五经，若《论语》《尔雅》《孝经》等，编简既少，不可特立学官，便请依旧附入中经。敕旨，依奏。"[2]

2. 敕于国子监讲论堂两廊，创立石壁九经，并《孝经》《论语》《尔雅》

《唐会要·东都国子监》卷六十六："其年（七年）十二月，敕于国子监讲论堂两廊，创立石壁九经，并《孝经》《论语》《尔雅》，共一百五十九卷，字样四十卷。"[3]

---

① 《旧唐书》，中华书局 1975 年版，第 551 页。
② 《唐会要》，中华书局 1955 年版，第 1162 页。
③ 《唐会要》，中华书局 1955 年版，第 1162 页。

大和八年　公元 834 年

1. 贡院奏进士复试诗赋, 从之

《资治通鉴·唐纪六十一》卷二百四十五: 冬十月"乙巳, 贡院奏进士复试诗赋, 从之"①。

---

① 《资治通鉴》, 中华书局 1956 年版, 第 7898 页。

大和九年　公元 835 年

1. 命李训入翰林讲《易》

《资治通鉴·唐纪六十一》卷二百四十五："(九月)己巳,以御史中丞兼刑部侍郎舒元舆为刑部侍郎,兵部郎中知制诰、充翰林侍讲学士李训为礼部侍郎,并同平章事。仍命训三二日一入翰林讲《易》。"①

2. 路随卒

路随(776—835),字南式,祖籍阳平(今山东莘县),唐代儒家学者,历史学家、经学家。历仕唐宪宗、穆宗、敬宗、文宗四朝。太和九年七月,遘疾于路,卒于扬子江之中流,年六十,赠太保,谥曰贞。先后参修《宪宗实录》《穆宗实录》,撰有《六经法言》二十卷、《平淮西记》一卷。

---

① 《资治通鉴》,中华书局 1956 年版,第 7908 页。

唐文宗开成元年 公元 836 年

1. 诏有贤才者，委常参官及所在长吏，各以名闻

《册府元龟·帝王部·求贤第二》卷六十八："开成元年正月一日，赦书：其有藏器待时、隐身岩穴、奇节独行、可激风俗者，委常参官及所在长吏，各以名闻。"①

2. 郑覃奏请置五经博士各一人

《唐会要·东都国子监》卷六十六："开成元年，宰相兼国子祭酒郑覃奏，请置五经博士各一人，缘无禄俸，请依王府官例给禄粟。从之。"②

3. 郑覃推《诗经》

《资治通鉴·唐纪六十一》卷二百四十五："（夏四月）戊戌，上与宰相从容论诗之工拙，郑覃曰：'诗之工者，无若《三百篇》，皆国人作之以刺美时政，王者采之以观风俗耳，不闻王者为诗也。后代辞人之诗，华而不实，无补于事。陈后主、隋炀帝皆工于诗，不免亡国，陛下何取焉！'覃笃于经术，上甚重之。"③

---

① 《册府元龟》，中华书局 1960 年版，第 768 页。
② 《唐会要》，中华书局 1955 年版，第 1162 页。
③ 《资治通鉴》，中华书局 1956 年版，第 7925 页。

4. 分察使奏请令秘书省四库随日校勘所填补旧书及别写新书

《唐会要·经籍》卷三十五:"开成元年七月,分察使奏,秘书省四库见在新旧书籍,共五万六千四百七十六卷,并无文案及新写文书。自今已后,所填补旧书及别写新书,并随日校勘,并勒创立文案,别置纳历,随月申台。并外察使每岁末,计课申数,具状闻奏。从之。"①

5. 委内外文武五品以上官举荐贤才

《册府元龟·帝王部·求贤第二》卷六十八:"十月甲辰,帝御宣政殿,册成王为皇太子,诏大赦天下,京官五品以上,各举忠正孝友、文儒周慎、堪任东宫官者,务取实才,不得虚荐。又曰:为政之要,求贤是急。比令中外举荐,多非实才,所以询事考言,登科盖寡。犹虑岩穴之内,尚有沉沦,宜令所在州县,更加搜择。其怀才抱器,隐遁丘园,并以礼征送,如或不赴,具以名闻;凡与前诏科目相当,一切委内外文武五品以上官,有所知者,不限人数,任各荐闻;如自举者,亦听于所在投状。有堪任用,不限常资。"②

---

① 《唐会要》,中华书局 1955 年版,第 645 页。
② 《册府元龟》,中华书局 1960 年版,第 764 页。

开成二年　公元 837 年

1.国子监《开成石经》成

《唐会要·贡举下·论经义》卷七十七:"开成二年八月敕,《新加九经字样》一卷,国子监奏定,得覆定石经字体、翰林待诏唐元度状。"[1]

《唐会要·东都国子监》卷六十六:"二年八月,国子监奏,得覆定石经字体官、翰林待诏唐元度状:伏准太和七年二月五日敕,覆九经字体者。今所详覆,多依司业张参《五经字》为准。其旧字样,岁月将久,画点参差,传写相承,渐致乖误。今并依字书与较勘,同商较是非,取其适中,纂录为《新加九经字样》一卷,请附于《五经样》之末,用证缪误。敕旨,依奏。"[2]

《资治通鉴·唐纪六十一》卷二百四十五:"冬,十月,国子监《石经》成。"[3]

---

① 《唐会要》,中华书局 1955 年版,第 1411 页。
② 《唐会要》,中华书局 1955 年版,第 1162 页。
③ 《资治通鉴》,中华书局 1956 年版,第 7930 页。

开成四年　公元 839 年

1. 朝廷兴复古制,置五经博士

《唐会要·东都国子监》卷六十六:"四年二月,中书门下奏:'伏以朝廷兴复古制,置五经博士,以奖颛门之学,为训胄之资,必在得人,不限官次。今定为五品俸入,四方有经术相当而秩卑身贱者,不可以超授。有官重而通《诗》达《礼》者,不可以退资。从今已后,并请敕本色人中选择,据资除授,令兼博士。其见任博士,且仍旧。'敕旨,宜依。"①

2. 郑浣卒

郑浣(776—839),本名涵,因与文宗藩邸时名同而改,荥阳人,郑余庆子,中唐学者、文学家。贞元十年举进士,以父谪官,累年不任。后历秘书省校书郎、洛阳尉、集贤院修撰、长安尉、集贤校理、太常寺主簿、太常博士、右补阙、国子博士、史馆修撰等职。长庆中,征为司封郎中、史馆修撰,累迁中书舍人。文宗登极,擢为翰林侍讲学士,奉命撰《经史要录》二十卷。太和二年,迁礼部侍郎。后转兵部侍郎,改吏部,出为河南尹。入为左丞,旋拜刑部尚书,兼判左丞事。出为山南西道节度观察使,检校户部尚书、兴元尹,兼御史大夫。开成四年闰正月,以户部尚书征。诏下之日,卒于兴元,年六十四,赠右仆射,谥曰宣。有文集、制诰共三十卷行于世。

---

① 《唐会要》,中华书局 1955 年版,第 1162 页。

唐武宗会昌元年　公元 841 年

1. 以文宣王三十九代孙策为国子监丞,袭文宣公

《册府元龟·帝王部·崇儒术第二》卷五十:"武宗会昌元年,以文宣王三十九代孙策为国子监丞,袭文宣公。"①

2. 令史馆再修撰《宪宗实录》

《唐会要·史馆上·修国史》卷六十三:"会昌元年四月敕:《宪宗实录》,宜令史馆再修撰进入。其先撰成本不得注破,并与新撰本同进来者。"②

---

① 《册府元龟》,中华书局 1960 年版,第 564 页。
② 《唐会要》,中华书局 1955 年版,第 1098 页。

会昌二年　公元 842 年

1. 宰臣德裕进《异域归忠传》两卷

《唐会要·修撰》卷三十六："会昌二年七月，宰臣德裕进《异域归忠传》两卷。"[①]

2. 郑覃卒

郑覃(? —842)，郑州荥泽(今河南郑州西北)人，宰相郑珣瑜之子，经术该深。覃初以父荫补弘文校理，历拾遗、补阙、考功员外郎、刑部郎中。元和十四年二月，迁谏议大夫。长庆元年十一月，转给事中。四年，迁御史中丞，十一月，权知工部侍郎。宝历元年，拜京兆尹。文宗即位，改左散骑常侍。太和三年，以本官充翰林侍讲学士。四年四月，拜工部侍郎。六年二月，复召为侍讲学士。七年五月，为御史大夫。九年六月，为刑部尚书，十月，迁尚书右仆射，兼判国子祭酒。后又封荥阳郡公，食邑二千户。开成三年二月，进位太子太师。四年五月，罢相，守左仆射。武宗会昌二年，授司空，致仕，卒。尝撰《石壁九经》一百六十卷。

3. 刘禹锡卒

刘禹锡(772—842)，字梦得，彭城(今江苏徐州)人，中唐文学家、哲学家。精于古文，善五言诗，与白居易并称"刘白"，有"诗豪"之称。贞元九

---

① 《唐会要》，中华书局 1955 年版，第 662 页。

年擢进士第,又登宏辞科,后为监察御史。永贞革新失败,贬连州刺史。未至,斥朗州司马,后又历连州刺史等职。太和二年,自和州刺史征还。会昌二年七月卒,时年七十一,赠户部尚书。撰有《刘梦得集》四十卷,唱和诗集《刘白唱和集》五卷、《汝洛集》一卷、《彭阳唱和集》三卷、《吴蜀集》一卷,另有医学著作《传信方》两卷。

会昌三年　公元 843 年

1. 李绅、郑亚等进重修《宪宗实录》四十卷

《旧唐书·武宗纪上》卷十八上："(会昌元年)四月辛丑,敕:'《宪宗实录》旧本未备,宜令史官重修进内。其旧本不得注破,候新撰成同进。'"①

《旧唐书·武宗纪上》卷十八上："(会昌三年)十月,宰相监修国史李绅、兵部郎中史馆修撰判馆事郑亚进重修《宪宗实录》四十卷,颁赐有差②。"

《唐会要·史馆上·修国史》卷六十三:"会昌元年四月敕:《宪宗实录》,宜令史馆再修撰进入。其先撰成本不得注破,并与新撰本同进来者。至三年十月,宰臣兼监修国史李绅与修史官郑亚等修毕进上,赐银器锦彩有差。"③

---

① 《旧唐书》,中华书局 1975 年版,第 586 页。
② 《旧唐书》,中华书局 1975 年版,第 598 页。
③ 《唐会要》,中华书局 1955 年版,第 1098 页。

会昌五年　公元845年

1. 州县寄学及士人隶于各所在官学

《唐会要·学校》卷三十五:"会昌五年正月制,公卿百官子弟及京畿内士人寄客,修明经进士业者,并宜隶于太学。外州县寄学及士人,并宜隶各所在官学。"①

---

① 《唐会要》,中华书局1955年版,第635页。

会昌六年　公元 846 年

1. 招纳奇才异政之士

《旧唐书·宣宗纪下》卷十八下：五月"五日赦书节文，吏部三铨选士，只凭资考，多匪实才。许观察使、刺史有奇才异政之士，闻荐试用"①。

2. 白居易卒

白居易(772—846)，字乐天，号香山居士，又号醉吟先生，祖籍太原。与元稹酬咏，号为"元白"；又与刘禹锡齐名，号为"刘白"。中唐新乐府运动的代表诗人。贞元十四年，擢进士、拔萃皆中，授秘书省校书郎。十年七月，贬为江州司马。十四年冬，召还京师。太和二年正月，转刑部侍郎，封晋阳县男。会昌初，以刑部尚书致仕。六年卒，年七十五，赠尚书右仆射。撰有《白氏长庆集》七十五卷、《白氏经史事类》三十卷、《八渐通真议》一卷，唱和集《元白继和集》一卷、《三州唱和集》一卷、《刘白唱和集》三卷。

按：白居易具体卒年，《旧唐书·白居易传》卷一百六十六载："大中元年卒，时年七十六，赠尚书右仆射。"②《新唐书·白居易传》卷一百一十九载为会昌六年卒，年七十五。《刑部尚书致仕赠尚书右仆射太原白公墓碑铭并序》谓白居易"七十有五年"。今学界多采用会昌六年说，此从之。

---

① 《旧唐书》，中华书局 1975 年版，第 615 页。
② 《旧唐书》，中华书局 1975 年版，第 4356 页。

唐宣宗大中元年　公元 847 年

1. 改元大中，整治吏风

《旧唐书·宣宗纪下》卷十八下："（大中元年春正月）戊申，皇帝有事于郊庙。礼毕，御丹凤门，大赦，改元。制条曰：'古者郎官出宰，卿相治郡，所以重亲人之官，急为政之本。自浇风久扇，此道稍消，颉颃清途，便臻显贵。治人之术，未尝经心，欲使究百姓艰危，通天下利病，不可得也。为政之始，思厚儒风，轩墀近臣，盖备顾问，如其不知人疾苦，何以膺朕眷求？今后谏议大夫、给事中、中书舍人曾任刺史、县令，或在任有赃累者，宰臣不得拟议。守宰亲人，职当抚字，三载考绩，著在格言。贞元年中，屡下明诏，县令五考，方得改移。近者因循，都不遵守，诸州或得三考，畿府罕及二年。以此字人，若为成政？道涂郡吏有迎送之劳，乡里庶民无苏息之望。自今须满三十六个月，永为常式。'"①

2. 王起卒

王起（760—847），字举之，祖籍太原，后家扬州，中唐学者、文学家。贞元十四年，擢进士第。会昌三年，权知礼部贡举。四年，正拜左仆射，复知贡举。其年秋，出为兴元尹，兼同平章事，充山南西道节度使。大中元年，卒于镇，时年八十八，废朝三日，赠太尉，谥曰文懿。撰有文集一百二十卷、《五纬图》十卷、《写宣》十卷，另有《李赵公行状》一卷、《大中新行诗格》一卷、《文场秀句》一卷。今《全唐诗》存其诗六首，《全唐文》存其文三卷。

---

① 《旧唐书》，中华书局 1975 年版，第 616—617 页。

大中二年　公元 848 年

1.《宪宗实录》施行旧本

《唐会要·史馆上·修国史》卷六十三:"会昌元年四月敕,《宪宗实录》,宜令史馆再修撰进入。其先撰成本,不得注破,并与新撰本同进来者。至三年十月,宰臣兼监修国史李绅与修史官郑亚等修毕进上,赐银器锦彩有差。至大中二年十一月,又降敕曰《宪宗实录》,宜施行旧本。其新本委天下诸州府察访,如有写得者,并送馆,不得隐藏。"①

2. 杨嗣复卒

杨嗣复(783—848),字继之,又字庆门,中唐学者、文学家,尤善礼学。年二十,进士擢第。武宗立,出为湖南观察使,后再贬潮州刺史。宣宗即位,征拜吏部尚书。大中二年,自潮阳还,至岳州病,一日而卒,时年六十六,赠左仆射,谥曰孝穆。撰有《九征心戒》一卷,另于开成中,与学士张次宗上《毛诗草木虫鱼图》二十卷。

---

① 《唐会要》,中华书局 1955 年版,第 1098 页。

大中三年　公元 849 年

1. 校勘书籍

《唐会要·经籍》卷三十五:"大中三年正月,秘书省据御史台牒,准开成元年七月敕:应写书及校勘书籍,至岁末闻奏者,令勒楷书等。从今年正月后,应写书四百一十七卷。"①

2. 李德裕卒

李德裕(787—850),字文饶,赵郡人,元和初宰相李吉甫之子,精《汉书》《左氏春秋》。历仕宪宗、穆宗、敬宗、文宗、武宗、宣宗六朝。宣宗即位,罢相,出为东都留守、东畿汝都防御使,后再贬潮州司马。次年冬,又贬潮州司户。大中二年,又贬崖州司户。三年十二月卒,时年六十三。撰有《花木记》《歌诗篇录》,有文集二十卷。记述旧事,则有《次柳氏旧闻》《御臣要略》《伐叛志》《献替录》三卷,另有《穷愁志》一卷、《西蕃会盟记》三卷、《异域归忠传》两卷、《姑藏集》五卷、《西南备边录》一卷、《大和新修辨谤略》三卷、《会昌一品集》二十卷、唱和集《吴蜀集》一卷。

---

① 《唐会要》,中华书局 1955 年版,第 645 页。

大中四年　公元 850 年

1. 写完贮库,及填缺书籍三百六十五卷

《唐会要·经籍》卷三十五:"四年二月,集贤院奏:'大中三年正月一日以后,至年终,写完贮库,及填缺书籍三百六十五卷,计用小麻纸一万一千七百七张。'"①

---

① 《唐会要》,中华书局 1955 年版,第 645 页。

大中五年　公元 851 年

1. 崔龟从等撰《续唐历》三十卷

《唐会要·史馆上·修国史》卷六十三："大中五年七月,宰臣崔龟从等撰《续唐历》三十卷。"①

2. 姚思廉上所撰《通史》三百卷、《帝王政统》十卷

《唐会要·修撰》卷三十六："大中五年十一月,太子詹事姚思廉撰《通史》三百卷,上之。十二月,又撰《帝王政统》十卷,上之。"②

3. 冯审奏琢去孔子庙堂篆额中间"大周"两字

《唐会要·东都国子监》卷六十六："大中五年十一月,国子祭酒冯审奏:'孔子庙堂碑,是太宗皇帝建立,睿宗皇帝书额,备称唐德,具赞鸿猷,染翰显然,贞石斯在。洎武后权政,国号僭窃,于篆额中间,谬加大周两字。今岂可尚存伪号,以紊清朝,疑误将来,流传僭谬。其大周两字,伏望天恩,许令琢去,谨录奏闻。'敕旨:'冯审所请刊正讹文,颇协事体,宜依。'"③

---

① 《唐会要》,中华书局 1955 年版,第 1098 页。
② 《唐会要》,中华书局 1955 年版,第 662 页。
③ 《唐会要》,中华书局 1955 年版,第 1162—1163 页。

大中七年　公元 853 年

1. 张戣等上《刑法统类》

《旧唐书·宣宗纪》卷十八下:"五月,左卫率府仓曹张戣集律令格式条件相类一千二百五十条,分一百二十一门,号曰《刑法统类》,上之。"①

2. 崔铉进《续会要》四十卷

《旧唐书·宣宗纪》卷十八下:"十月,尚书左仆射、门下侍郎、平章事、太清宫使、弘文馆大学士崔铉进《续会要》四十卷,修撰官杨绍复、崔瑑、薛逢、郑言等,赐物有差。"②

---

① 《旧唐书》,中华书局 1975 年版,第 631 页。
② 《旧唐书》,中华书局 1975 年版,第 632 页。

大中八年 公元 854 年

1. 魏謩修成《文宗实录》四十卷，上之

《唐会要·修国史》卷六十三："八年三月，宰臣、监修国史魏謩修成《文宗实录》四十二卷，上之。史馆给事中卢耽、太常少卿蒋偕、司勋员外郎王沨、右补阙卢告，颁赐银器锦彩有差。"①

《旧唐书·宣宗纪》卷十八下："三月，敕以旱诏使疏决系囚。宰相、监修国史魏謩修成《文宗实录》四十卷，上之。修史官给事中卢耽、太常少卿蒋偕、司勋员外郎王沨、右补阙卢吉，颁赐银器、锦彩有差。"②

---

① 《唐会要》，中华书局 1955 年版，第 1098 页。
② 《旧唐书》，中华书局 1975 年版，第 632 页。

大中十年　公元 856 年

1. 暂停开元礼、三礼、三传、三史、学究、 道举、明算、童子等九科

《旧唐书·宣宗纪》卷十八下："三月,中书门下奏:'据礼部贡院见置科目,开元礼、三礼、三传、三史、学究、道举、明算、童子等九科,近年取人颇滥,曾无实艺可采,徒添入仕之门。须议条疏,俾精事业。臣已于延英面论,伏奉圣旨,将文字来者。其前件九科,臣等商量,望起大中十年,权停三年,满后,至时赴科试者,令有司据所举人先进名,令中书舍人重覆问过。如有本业稍通,堪备朝廷顾问,即作等第进名,候敕处分。如有事业荒芜,不合送名数者,考官即议朝责。其童子近日诸道所荐送者,多年齿已过,伪称童子,考其所业,又是常流。起今日后,望今天下州府荐送童子,并须实年十一、十二已下,仍须精熟一经,问皆全通,兼自能书写者。如违制条,本道长吏亦议惩法。'从之。"①

---

① 《旧唐书》,中华书局 1975 年版,第 634—635 页。

唐懿宗咸通四年　公元 863 年

1. 程修己卒

　　程修己（约 805—863），字景立。幼年英敏，通《左氏春秋》，擅画艺，尤精山水、竹石、花鸟、人物。大和中，授浮梁尉，直集贤殿，累迁至太子中舍、王府长史等职。咸通四年二月一日，遘疾，卒于京国里第，年五十九。

咸通六年　公元 865 年

1. 柳公权卒

柳公权(778—865)，字诚悬，京兆华原人，柳公绰弟。博贯经术，精《左氏传》《国语》《尚书》《毛诗》《庄子》，通音律，尤工书法，自成一家，号为"柳体"。幼嗜学，十二能为辞赋。元和初，进士擢第，释褐秘书省校书郎。穆宗即位，拜右拾遗，充翰林侍书学士。后迁右补阙、司封员外郎，又迁右司郎中，累换司封、兵部二郎中、弘文馆学士。又复召侍书，迁谏议大夫。俄改中书舍人，充翰林书诏学士。开成三年，转工部侍郎。武宗立，罢为右散骑常侍。宰相崔珙引为集贤院学士，知院事。李德裕不悦，左授太子詹事，改宾客。累迁金紫光禄大夫、上柱国、河东郡开国公、食邑二千户。复为左常侍、国子祭酒，历工部尚书。咸通初，以太子太保致仕。六年卒，赠太子太师，时年八十八。

咸通八年 公元 867 年

1. 罗隐编其文为《谗书》

《全唐文·罗隐·谗书序》卷八九五："《谗书》者何？江东罗生所著之书也。生少时自道有言语，及来京师七年，寒饥相接，殆不以似寻常人。丁亥年春正月，取其所为书诋之曰：'他人用是以为荣，而予用是以为辱；他人用是以富贵，而予用是以困穷。苟如是，予之旧乃自谗耳。'目曰《谗书》。卷轴无多少，编次无前后，有可以谗者则谗之，亦多言之一派也。而今而后，有诮予以哗自矜者，则对曰：'不能学扬子云寂寞以诳人。'"①

---

① 《全唐文》，中华书局 1983 年版，第 9344 页。

咸通十一年 公元 870 年

1. 罗隐编《湘南应用集》三卷

　　《全唐文·罗隐·湘南应用集序》卷八九五："隐大中末即在贡籍中，命薄地卑，自己卯至于庚寅，一十二年看人变化。去年冬，河南公按察长沙郡，隐因请事笔砚，以资甘旨。明年，隐得衡阳县主簿。时硖州卢侍御自龙城至，右司张员外游曲江回，皆谓隐不宜佐属邑。於戏！隐自卜也审，江表一白丁耳，安有空将卷轴与公相子弟争名？幸而知非，得以减过。冬十月，乞假归觐。阻风于洞庭青草间，因思湘南文书，十不一二，盖以失落于马上军前故也。今分为三卷，而举牒祠祭者亦与焉。某月二十四日序。"①

----

① 《全唐文》，中华书局 1983 年版，第 9344—9345 页。

咸通十五年/唐僖宗乾符元年　公元 874 年

1.陆希声约是年后著《周易传》

《全唐文·陆希声·周易传序》卷八一三:"予乾符初任右拾遗,岁莫端居……由是考核少小以来所集诸家注说,贯以自得之理,著《易传》十篇。……别撰作《易图》一卷,《指说》一卷,《释变》一卷,《微旨》一卷。又以《易经》文字古今谬误,又撰证一卷。"①

---

① 《全唐文》,中华书局 1983 年版,第 8553 页。

广明二年/唐僖宗中和元年　公元 881 年

1.陆龟蒙约是年或稍后卒

陆龟蒙(? 一约 881),三吴人,字鲁望,号天随子、江湖散人、甫里先生,又自比涪翁、渔父、江上丈人,晚唐学者、农学家、文学家。与皮日休为友,唱和若干卷,二人并称"皮陆"。其幼而聪悟,深通《六经》之义,尤精《春秋》,博雅多文,藏书万卷,乐闻人学,讲论不倦。诗篇清丽,小品文议论精切,现实性强。累任湖州、苏州刺史幕僚等职。中和初,遇疾而卒。编撰有《吴兴实录》四十卷、《笠泽丛书》五卷、《小名录》五卷,另有与皮日休唱和诗集《松陵集》十卷、农具专志《耒耜经》。宋叶茵辑有《唐甫里先生文集》二十卷。

中和四年　公元 884 年

1. 高彦休编撰《阙史》两卷

《全唐文·高彦休·阙史序》卷八一七："自武德、贞观而后，吮笔为小说、小录、稗史、野史、杂录、杂纪者多矣。贞元、大历已前，捃拾无遗事。大中、咸通而下，或有可以为夸尚者，资谈笑者，垂训诫者，惜乎不书于方册，辄从而记之。其雅登于太史氏者，不复载录。愚乾符甲午岁生唐世，二十有一，始随乡荐于小宗伯，或预闻长者之论，退必草于捣网。岁月滋久，所录甚繁，辱亲朋所知，谓近强记。中和岁，齐偷构逆，翠华幸蜀。搏虎未期，鸣銮在远，旅泊江表，问安之暇，出所记述，亡逸过半。其间近屏帏者、涉疑诞者，又删去之，十存三四焉。共五十一篇，分为上下卷，约以年代为次。讨寻经史之暇，时或一览，犹至味之有菹醢也。甲辰岁清和月编次。"①

---

① 《全唐文》，中华书局 1983 年版，第 3721 页。

唐昭宗大顺元年　公元 890 年

1. 令助修葺学校栋宇

《册府元龟·帝王部·崇儒术第二》卷五十:"大顺元年二月,诏曰:有国之规,无先学校;理官之要,莫尚儒宗。故前王设塾庠,陈齿胄,所以敷扬至道,弘阐大猷者也。国学自朝廷丧乱以来,栋宇摧残之后,岁月斯久,榛芜可知。宜令诸道观察使、刺史与宾幕州县文吏等,同于俸料内量力分抽,以助修葺。"①

2. 陆希声编《李观文集》三卷

《全唐文·陆希声·唐太子校书李观文集序》卷八一三:"贞元中,天子以文化天下,天下翕然兴于文。文之尤高者李元宾观、韩退之愈。……自广明丧乱,天下文集略尽。予得元宾文于汉上,惜其恐复磨灭,因条次为三编,论其意以冠于首。大顺元年十月日,给事中陆希声序。"②

---

① 《册府元龟》,中华书局 1960 年版,第 546 页。
② 《全唐文》,中华书局 1983 年版,第 8550—8551 页。

大顺二年　公元 891 年

1. 敕吏部侍郎柳玭等修宣宗、懿宗、僖宗三朝实录

《唐会要·修国史》卷六十三："大顺二年二月,敕吏部侍郎柳玭等修宣宗、懿宗、僖宗实录。始丞相监修国史杜让能,三朝实录未修,乃奏吏部侍郎柳玭、右补阙裴庭裕、左拾遗孙泰、驾部员外郎李允、太常博士郑光庭等五人修之。逾年,竟不能编录一字。惟庭裕采宣宗朝耳目闻睹,撰成三卷,目曰《东观奏纪》,纳于史馆。又龙纪中,有处士沙仲穆纂野史十卷,起自太和,终于龙纪,目曰《太和野史》。"①

---

① 《唐会要》,中华书局 1955 年版,第 1098 页。

唐昭宗景福元年　公元 892 年

1. 顾云为杜荀鹤诗文集《唐风集》作序

顾云《唐风集序》载《全唐文》卷八一五。

2. 边冈进上新历,命为《景福崇玄历》

《资治通鉴·唐纪七十五》卷二百五十九:"《宣明历》浸差,太子少詹事边冈造新历成。十二月,上之。命曰《景福崇玄历》。"[1]

---

[1] 《资治通鉴》,中华书局 1956 年版,第 8437—8438 页。

唐昭宗乾宁二年　公元895年

1.《剧谈录》两卷成

《全唐文·唐文拾遗》卷三十三康骈(一作康骈)之《剧谈录序》:"咸通中始随乡赋,以薄伎贡于春官,爰及窃名,殆将一纪。……时经丧乱,代隔中兴,人事变更,邈同千载,寂寥堙没,知者渐稀。是以耗穰之余,粗成前志。所记亦多遗漏,非详悉者,不复叙焉。分为二编,目之曰《剧谈录》。文义既拙,复无雕丽之词,亦观小说家流,聊以传诸好事者。乾宁二年建巳月,池州黄老山白社序。"①

2.陆希声卒

《新唐书·陆希声传》卷一百一十六:"希声博学善属文,通《易》《春秋》《老子》,论著甚多。商州刺史郑愚表为属。后去,隐义兴。久之,召为右拾遗。时愍腐秉权,岁数歉,梁、宋尤甚。希声见州县刓敝,上言当谨视盗贼。明年,王仙芝反,株蔓数十州,遂不制。擢累歙州刺史。昭宗闻其名,召为给事中,拜户部侍郎、同中书门下平章事。在位无所轻重,以太子少师罢。李茂贞等兵犯京师,舆疾避难。卒,赠尚书左仆射,谥曰文。"②

《旧唐书·昭宗纪上》卷二十上:乾宁二年"五月丁巳朔,甲子,李茂贞、王行瑜、韩建等各率精甲数千人入觐,京师大恐,人皆亡窜,吏不能止"。③

---

① 《全唐文》,中华书局1983年版,第10747页。

② 《新唐书》,中华书局1975年版,第4238页。

③ 《旧唐书》,中华书局1975年版,第753页。

据上,陆希声卒于是年或稍后。

3. 李磎约卒于是年

李磎(?—约895),字景望,江夏人,唐末思想家、文学家。博学多通,文章秀绝,聚书至多,手不释卷,时人号曰"李书楼"。大中十三年,擢进士,为尚书水部员外郎,累迁吏部郎中,兼史馆修撰,拜翰林学士、中书舍人。广明中,分司洛下。光启中,昭宗雅重之,复召入翰林为学士,拜户部侍郎,迁礼部尚书。景福二年十月,与韦昭度并命中书门下平章事。乾宁元年,进礼部尚书、同中书门下平章事,后又下迁太子少傅。李茂贞及王行瑜、韩建拥兵阙下,列磎罪,杀之于都亭驿。行瑜诛,有诏复官爵,赠司徒,谥曰"文"。

《旧唐书·昭宗纪》卷二十上:乾宁二年"五月丁巳朔。甲子,李茂贞、王行瑜、韩建等各率精甲数千人入觐,京师大恐,人皆亡窜,吏不能止"。据此,李磎约卒于是年。

唐昭宗光化三年　公元 900 年

1. 柳璨撰《柳氏释史》十卷

《唐会要·史馆上·修前代史》卷六十三:"光化三年,直史馆柳璨,以刘子玄所撰《史通》议驳经史过当,纪子玄之失,别纂成十卷,号《柳氏释史》,又号《史通析微》。"①

2. 钱珝编《舟中录》二十卷

《全唐文·钱珝·舟中录序》卷八三六:"乙丑岁冬十一月,余以尚书郎得掌诰命。庚申岁夏六月,以舍人获谴,佐抚州,驰暑道病。秋八月,自襄阳浮而下。舟行无事,因解束书,视所为辞稿,蠲蠲冗碎,可存者得五百四十篇,丞相表奏百篇,区别编联为二十卷。……所编联不敢以集称,理诸舟中,遂曰《舟中录》。是年九月,钱珝自序于沔阳之南。"②

---

① 《唐会要》,中华书局 1955 年版,第 1092 页。
② 《全唐文》,中华书局 1983 年版,第 8806 页。

唐昭宗天复三年　公元 903 年

1. 罗衮上疏请置官购书

《全唐文·罗衮·请置官买书疏》卷八二八:"臣伏念秘阁四部三馆图书,乱离已来,散失都尽。一为坠阙,二十余年。陛下追踪往圣,劳神故实,岁下明诏,旁求四海,或遣使搜访,或购以官爵,亦已久矣。然而一编一简,未闻奏御。加以时玩武事,不急文化。若非别降圣谟,无因可致。臣今伏请陛下出内库财,于都下置官买书,不限经史之集、列圣实录、古今传记、公私著述,凡可取者,一皆市之。部帙俱全,则价有差等。至于零落杂小,每卷不过百钱,率不费千缗,可获万卷。傥或稍优其直,则远近趋利之人,必当舍难得之货,载天下之书,聚于京师矣。不惟充足书林,以备宣索,今三朝实录未修,无所依约,便期因此遂有所得。斯又朝廷至切之务也。"[1]

---

[1] 《全唐文》,中华书局 1983 年版,第 8724 页。

唐哀帝天祐二年　公元 905 年

1. 中书门下奏请为武成王置立庙宇

《唐会要·武成王庙》卷二十三："天佑二年八月十三日,中书门下奏:'迁都以来,武成王庙犹未置立。今仍请改为武成王选地建造,其制度配享,皆准故事。'从之。"①

2. 柳璨卒

柳璨(?—905),字炤之,河东(今山西永济)人,柳公绰族孙。少孤贫好学,博闻多识,而为人鄙野,僻居林泉。光化中,登进士第。尤精《汉史》,颜荛引其为直学士。尝撰《柳氏释史》十卷,迁左拾遗。昭宗好文,擢其为翰林学士,后又拜中书侍郎,判户部,封河东县男。后依附朱全忠,累拜户部尚书,守司空,进阶光禄大夫、盐铁转运使。天祐二年,为朱全忠所刑杀。除撰有《柳氏释史》(又称《史通析微》)十卷,另有《正闰位历》三卷、《姓氏韵略》六卷、《梦隽》一卷。

---

① 《唐会要》,中华书局 1955 年版,第 439 页。

五代十国(907—960)

唐哀帝天祐四年/后梁开平元年 公元 907 年

1. 梁太祖委宰臣搜访贤良

《旧五代史·梁书三·太祖纪三》卷三：开平元年，"五月，以唐朝宰臣张文蔚、杨涉并为门下侍郎、平章事，以御史大夫薛贻矩为中书侍郎、平章事。帝初受禅，求理尤切，委宰臣搜访贤良。或有在下位抱负器业久不得伸者，特加擢用。有明政理得失之道规救时病者，可陈章疏，当亲鉴择利害施行，然后赏以爵秩。有晦迹丘园不求闻达者，令彼长吏备礼邀致，冀无遗逸之恨"①。

2. 以兵罢之日，给复赋租

《旧五代史·梁书三·太祖纪三》卷三：开平元年"十二月辛亥，诏曰：'潞寇未平，王师在野。攻战之势，难缓于寇围；飞挽之勤，实劳于人力。永言辍耒，深用轸怀。宜令长吏，丁宁布告，期以兵罢之日，给复赋租。'于是人户闻之，皆忘其倦"②。

---

① 《旧五代史》，中华书局 1976 年版，第 50 页。
② 《旧五代史》，中华书局 1976 年版，第 55 页。

后梁开平二年 公元 908 年

1. 梁太祖命庶官遍祀祈雨，兴农事

《旧五代史·梁书四·太祖纪四》卷四：开平二年"二月，自去冬少雪，春深农事方兴，久无时雨，兼虑有灾疾。帝深轸下民，遂命庶官遍祀于群望，掩瘗暴露，令近镇案古法以禳祈，旬日乃雨。帝以上党未收，因议抚巡，便往西都赴郊禋之礼"①。

按：因自开平元年冬至二年春深农时，一直少雪无时雨，农事不兴，恐有灾疫，故而太祖帝命遍祀祈雨，以表其"深轸下民"之心。

2. 梁太祖诏令追念阵亡将吏，抚恤家眷

《旧五代史·梁书四·太祖纪四》卷四：开平二年"三月壬申，帝亲统六军，巡幸泽、潞。是日寅时，车驾西幸，宰臣并要切司局皆扈从，晚次中牟。下诏，以去年六月后，昭义行营阵殁都将吏卒死于王事，追念忠赤，乃录其名氏，各下本军，令给养妻孥，三年内官给粮赐"②。

3. 梁太祖诏令诸州长吏预防蝗灾

《旧五代史·梁书四·太祖纪四》卷四："（开平二年五月）己丑，令下诸州，去年有蝗虫下子处，盖前冬无雪，至今春亢阳，致为灾沴，实伤垄亩。

---

① 《旧五代史》，中华书局1976年版，第59页。
② 《旧五代史》，中华书局1976年版，第60页。

必虑今秋重困稼穑,自知多在荒陂榛芜之内,所在长吏各须分配地界,精加蒭扑,以绝根本。"①

4. 梁太祖敕令官吏恪恭祭祀之仪

《旧五代史·梁书四·太祖纪四》卷四:"《五代会要》载七月敕曰:祭祀之仪,有国大事,如闻官吏慢于恪恭,牲具礼容有异精审,宜令御史台疏其条件奏闻。"②

5. 梁太祖令各地长吏搜访贤才

《旧五代史·梁书四·太祖纪四》卷四:"(七月)癸巳,以禅代已来,思求贤哲,乃下令搜访牢笼之,期以好爵,待以优荣,各随其材,咸使登用。宜令所在长吏,切加搜访,每得其人,则疏姓名以闻。如在下位不能自振者,有司荐导之;如任使后显立功劳,别加迁陟。"③

---

① 《旧五代史》,中华书局 1976 年版,第 61 页。
② 《旧五代史》,中华书局 1976 年版,第 62 页。
③ 《旧五代史》,中华书局 1976 年版,第 63 页。

后梁开平三年　公元 909 年

1. 梁太祖升坛祭天，大赦天下

《旧五代史·梁书四·太祖纪四》卷四：开平三年正月"辛卯，祀昊天上帝于园丘。是日，降雪盈尺，帝升坛而雪霁。礼毕，御五凤楼，宣制大赦天下。赐南郊行事官礼仪使赵光逢以下分物"①。

2. 修文宣王庙

《旧五代史·梁书五·太祖纪五》卷五："（十二月乙丑腊），国子监奏：'创造文宣王庙，仍请率在朝及天下现任官僚俸钱，每贯每月克一十五文，充土木之植。'允之。是岁，以所率官僚俸钱修文宣王庙。"②

3. 罗隐卒

罗隐（833—909），本名横，字昭谏，余杭（今属浙江杭州）人，唐末五代时期文学家、思想家。诗名于天下，尤长于咏史。屡次应试不第，黄巢起义后，避乱隐居九华山。唐光启三年，吴越王表奏为钱塘令，迁著作郎，辟掌书记。天祐三年，充判官。梁开平二年，授给事中。三年，迁发运使。是年卒于钱塘，葬于定山乡。其所著《谗书》五卷、《谗本》三卷、《淮海寓

---

① 《旧五代史》，中华书局 1976 年版，第 67 页。
② 《旧五代史》，中华书局 1976 年版，第 81 页。

言》七卷、《湘南应用集》三卷、《甲乙集》十卷、外集启事等,并行于世。另有《吴越掌记集》三卷、《江东后集》十卷、《吴越应用集》三卷、《两同书》二卷、《汝江集》三卷。

后梁开平四年　公元 910 年

1. 梁太祖诏推恩之令

《旧五代史·梁书五·太祖纪五》卷五:"(开平四年)四月壬戌,诏曰:'追养以禄,王者推归厚之恩;欲静而风,人子抱终身之感。其以刑部尚书致仕张策及三品、四品常参官二十二人先世,各追赠一等。'"[①]

2. 诏精搜郡邑,博访贤良,随才授任

《旧五代史·梁书五·太祖纪五》卷五:"(开平四年九月甲午)下诏曰:……诸道都督、观察防御使等,或勋高翊世,或才号知人,必于途巷之贤,备察刍荛之士。诏到,可精搜郡邑,博访贤良,喻之以千载一时,约之以高官美秩,谅无求备,惟在得人。如有卓荦不羁,沉潜自负,通霸王之上略,达文武之大纲,究古今刑政之源,识礼乐质文之变,朕则待之不次,委以非常,用佐经纶,岂劳阶级。如或一言拔俗,一事出群,亦当舍短从长,随才授任。大小方圆之器,宁限九流;温良恭俭之人,难诬十室。勉思荐举,勿至因循,俟尔发扬,慰予翘渴。仍从别敕处分。"[②]

3. 罗绍威卒

罗绍威(877—910),字端己,祖籍长沙,后北迁魏州贵乡(今河北大

---

① 《旧五代史》,中华书局 1976 年版,第 82—83 页。
① 《旧五代史》,中华书局 1976 年版,第 82—83 页。
② 《旧五代史》,中华书局 1976 年版,第 85—86 页。

名),自号"江东生"。文德初,授左散骑常侍,充天雄军节度副使。天复末,累加至检校太傅、兼侍中、长沙王。天祐初,授检校太尉、守侍中,进封邺王,赐号"忠勤宣力致理功臣"。唐亡仕梁,累拜太师兼中书令,卒年三十四,赠尚书令,谥曰"贞壮"。

南汉乾亨四年　公元920年

1. 南汉立学校，开贡举，设铨选

《资治通鉴·后梁纪六》卷二百七十一:"汉杨洞潜请立学校,开贡举,设铨选,汉主岩从之。"[①]

---

① 《资治通鉴》,中华书局1956年版,第8854页。

后梁贞明七年/龙德元年　公元921年

1.梁史馆上言搜访遗亡纂述文籍,以候修撰

　　《旧五代史·梁书十·末帝纪下》卷十:"(龙德元年二月)壬申,史馆上言:'……臣今请明下制,敕内外百官及前资士子、帝戚勋家,并各纳家传,具述父祖事行源流及才术德业灼然可考者,并纂述送史馆。如记得前朝会昌已后公私,亦任抄录送官,皆须直书,不用文藻。兼以兵火之后,简牍罕存,应内外臣僚,曾有奏行公事,关涉制置,或讨论沿革,或章疏文词,有可采者,并许编录送纳。候史馆修撰之日,考其所上公事,与中书门下文案事相符会,或格言正辞询访不谬者,并与编载。所冀忠臣名士,共流家国之耿光;孝子顺孙,获记祖先之丕烈。而且周德见乎殷纪,舜典存乎禹功,非唯十世可知,庶成一朝大典。臣叨庸委任,获领监修,将赎素餐,辄干玄览。'诏从之。"①

---

① 《旧五代史》,中华书局 1976 年版,第 145—146 页。

后唐同光元年/前蜀乾德五年　公元 923 年

1.后唐诏举贤才

《登科记考·后唐庄宗光圣神闵孝皇帝》卷二十五:"(同光元年)四月,晋王即皇帝位,大赦,改元。制曰:'内外文武官及诸色人任封事,兼有贤良方正,抱器怀能,或利害可陈、无所隐讳、直言极谏者,将一一行之。亦委诸道长吏,具姓名申奏。'"[①]

2.前蜀诏置贤良方正、博通经史、明达吏理、识洞兵机、沉滞丘园五科

《十国春秋·前蜀一》卷三十五:"九月,诏置贤良方正、博通经史、明达吏理、识洞兵机、沉滞丘园五科,令黄衣选人、白衣举人投策就试。"[②]

---

① 徐松:《登科记考》,中华书局 1984 年 1 版,第 946 页。
② 吴任臣:《十国春秋》,中华书局 2010 年版,第 539 页。

后唐同光二年　公元 924 年

1. 后唐诏各地长官将怀才抱器、不事伪朝者具姓名闻奏

《登科记考·后唐庄宗光圣神闵孝皇帝》卷二十五:"(同光二年二月)制曰:事主之道,以立节为先;致理之方,以赏善为本。应怀才抱器,不事伪朝,众所闻知,显有节行,仰所在长官将所著事状,具姓名闻奏。当加甄奖,兼授官秩。"①

2. 后唐诏搜访书籍卷帙并示奖酬

《册府元龟·帝王部·崇儒术第二》卷五十:"同光二年二月,制:三馆兰台,藏书之府,动盈万卷,详列九流。爰自乱离,悉多遗逸,须行搜访,以备讨寻。应天下有人能以经史及百家进纳者,所司立等第酬奖。四月,枢密使郭崇韬又奏曰:伏以馆司四库藏书,旧日数目至多,自广明年后,流散他方。宜示奖酬,俾申搜访。伏乞委中书门下再行敕命……敕:史馆提举敕书节文,购求经史,颇为允当,宜许施行。今宜添进纳四百卷已下三百卷已上,皆成部帙,不是重叠,及纸墨书写精细。已在选门未合格人,一百卷与减一选;无选减数者,注官日优与处分;无官者纳书及三百卷,特授试官。"②

---

① 徐松:《登科记考》,中华书局 1984 年版,第 946 页。
② 《册府元龟》,中华书局 1960 年版,第 564—565 页。

3.中书门下奏请权停选举一年

　　《全唐文·阙名·请权停选举奏》卷九六九:"(同光二年十月,中书门下):英明取士,睿哲崇儒,诚宜便广于搜罗,岂可尚令于淹抑?但以今春贡士,就试不多,即目选人,磨勘未毕。宗伯莫臻于俊,天官难辨于妍媸。况已过秋期,将行公事,侧闻道路,悉是家贫,比及到京,多逾程限,文闱选部,皆碍条流。伏请权停贡举一年。俟迁莺者,更励进修;希干禄者,益加循省。然后精求良干,博采异能,免其遗贤,庶同乐圣。"①

---

① 《全唐文》,中华书局1983年版,第10062—10063页。

后唐同光四年　公元926年

1. 张宪卒

张宪(?—926)，字允中，晋阳人。弱冠尽通诸经，尤精《左传》。后唐庄宗即位，拜工部侍郎、租庸使，迁刑部侍郎、判吏部铨、东都副留守。同光三年十一月，授宪银青光禄大夫、检校吏部尚书、太原尹、北京留守，知府事。同光四年四月二十四日，赐死于晋阳之千佛院。

后唐天成二年　公元 927 年

1. 后唐太常丞段颙请国学五经博士各讲本经

《旧五代史·唐书十四·明宗纪四》卷三十八:"(后唐天成二年)太常丞段颙请国学五经博士各讲本经,以申横经齿胄之义,从之。"①

---

① 《旧五代史》,中华书局 1976 年版,第 521 页。

后唐天成四年　公元 929 年

1. 张昭远等新修献祖、懿祖、太祖《纪年录》
共二十卷、《庄宗实录》三十卷

《旧五代史·唐书十六·明宗纪六》卷四十："（天成四年秋七月）史馆上言:'所编修庄宗一朝事迹,欲名为实录,太祖、献祖、懿祖名为纪年录。'从之。"①

2. 国子监奏请设官讲明经义

详见《全唐文》卷九七四《请设官讲明经义疏》。

---

① 《旧五代史》,中华书局 1976 年版,第 552 页。

后唐天成五年/长兴元年　公元 930 年

1. 以孔子四十三代孙仁玉为曲阜县主簿

《册府元龟·帝王部·崇儒术第二》卷五十:"长兴元年正月,以文宣王四十三代孙陵庙主仁玉为曲阜县主簿。"①

2. 敕童子所念之书须是正经

《文献通考·童科》卷三十五:"长兴元年,敕:童子准往例委诸道表荐,不得解送,每年所放不得过十人,仍所念书并须是正经,不得以诸子书虚成卷数。及第后,十一选集,初任未得授亲民官。"②

---

①　《册府元龟》,中华书局 1960 年版,第 565 页。
②　马端临:《文献通考》,中华书局 2011 年版,第 1018 页。

后唐长兴二年　公元 931 年

1. 后唐复置明法科,同《开元礼》

《旧五代史·唐书十八·明宗纪八》卷四十二:长兴二年"六月丁巳朔,复置明法科,同《开元礼》"①。

2. 敕令诸道藩侯搜访隐逸之士

《登科记考》卷二十五:"(长兴二年)七月,敕:'朝臣相次敷陈,请搜沉滞。簪缨之内,甚有美贤;山泽之中,非无俊彦。若令终老,乃是遗才。郑云叟顷自乱离,久从隐逸,近颁特敕,除授拾遗。不来赴京,自缘抱病。非朝廷之不录,在遐迩以皆知。宜令诸道藩侯,专切搜访,如有隐逸之士,艺行可称者,当具奏闻,必宜量才任使。'"②

《全唐文·后唐明宗五·令诸道搜访隐逸敕》卷一〇一:"朝臣相次敷陈,请搜沉滞。簪缨之内,甚有美贤,山泽之中,非无俊彦。若令终老,乃是遗才。郑云叟顷自乱离,久从隐逸,近颁特敕,除授拾遗。不来赴京,自缘抱病。非朝廷之不录,在遐迩以皆知。宜令诸道藩侯,专切搜访,如有隐逸之士,艺行可称者,当具奏闻,必宜量才任使。"③

---

① 《旧五代史》,中华书局 1976 年版,第 580 页。
② 徐松:《登科记考》,中华书局 1984 年版,第 974 页。
③ 《全唐文》,中华书局 1983 年版,第 1131 页。

后唐长兴三年　公元932年

1. 后唐刻印《九经》

《资治通鉴·后唐纪六》卷二百七十七："(三年)辛未,初令国子监校定《九经》,雕印卖之。"①

2. 以孔子四十三代孙仁玉为兖州龚丘县令

《册府元龟·帝王部·崇儒术第二》卷五十:"五月甲申,以文宣王四十三代孙曲阜县主簿孔仁玉为兖州龚丘县令,袭封文宣公。"②

---

① 《资治通鉴》,中华书局1956年版,第9065页。
② 《册府元龟》,中华书局1960年版,第565页。

后唐应顺元年/清泰元年　公元934年

1. 诏权停进书官

　　《册府元龟·帝王部·崇儒术第二》卷五十："闵帝应顺元年正月,诏进书官刘尝郑州荥阳令、单骧唐州司法参军:今后三馆所阙书并访本添写,其进书官权停。"[①]

①　《册府元龟》,中华书局1960年版,第565页。

后唐清泰二年　公元935年

1. 李愚卒

李愚(？—935)，字子晦，渤海无棣人，家世为儒。唐末举进士、宏词，授河南府参军。梁末帝嗣位，擢为左拾遗，俄充崇政院直学士。后唐庄宗灭梁，拜主客郎中、翰林学士。后唐明宗即位，累迁兵部侍郎承旨，中书侍郎、同平章事。后唐闵帝嗣位，进位左仆射。后唐末帝清泰初，加特进、太微宫使、弘文馆大学士，后罢相。清泰二年秋，以疾卒。

后唐清泰三年　公元936年

1. 许寂卒

许寂(约856—936),字闲闲,泛览经史,尤明《易》象。久栖四明山,不干时誉。唐末,除谏官,不起。后投前蜀,蜀主王建待以师礼,累拜蜀相。同光末,前蜀亡,入仕后唐,授工部尚书。清泰三年六月卒,时年八十余。

2. 马缟卒

马缟(857—936),唐末五代经学家。少举明经,又举宏词。仕梁,累历尚书郎,参知礼院事,迁太常少卿。唐庄宗时,累迁中书舍人、刑部侍郎、权判太常卿。明宗时尝坐覆狱不当,贬绥州司马。后复为太子宾客,迁户部、兵部侍郎,终国子祭酒。年八十,赠兵部尚书。著有《中华古今注》三卷。

后蜀明德四年　公元 937 年

1.《林氏字源编小说》二十卷成

《全唐文·林罕·林氏字源编小说序》卷八八九:"罕长兴二年岁在戊子,时年三十有五,疾病逾时,闲坐思书之点画,莫知所以,乃搜阅今古篆隶,始见源由。旋观近代以来,篆隶多失。始则茫乎不知,终则惜其错误。欲求端正,将示同人,病间有事,其志不遂。至明德二年乙未复病,迄于丁酉冬不瘳,病中无事,得遂前志。与大理少卿赵崇祚讨论,成一家之书……名之曰《林氏字源编小说》。"①

---

① 《全唐文》,中华书局 1983 年版,第 9291—9292 页。

后蜀广政元年　公元 938 年

1. 徐铉撰《成氏诗集序》，论诗之旨

《全唐文·徐铉·成氏诗集序》卷八八二："诗之旨远矣，诗之用大矣。……今上谷成君亦有之，不然者，何其朝舍鹰犬，夕味风雅，虽世儒积年之勤，曾不能及其门者耶？逮予之知，已盈数百篇矣。睹其诗如所闻，接其人知其诗。既赏其能，又贵其异。故为冠篇之作，以示好事者云。戊戌岁正月日序。"①

---

① 《全唐文》，中华书局 1983 年版，第 9215 页。

后晋天福四年　公元 939 年

1. 曹国珍奏请编撰《大晋政统》,因朝臣反对而未行

《旧五代史·晋书四·高祖纪四》卷七十八:"(天福四年春正月)乙卯,左谏议大夫曹国珍上言:'请于内外臣僚之中,选才略之士,聚《唐六典》、前后《会要》、《礼阁新仪》、《大中统类》、《律令格式》等,精详纂集,俾无漏落,别为书一部,目为《大晋政统》。'从之。(梁)文矩等咸曰:'改前代礼乐刑宪为《大晋政统》,则《尧典》《舜典》当以《晋典》革名。'列状驳之。……疏奏,嘉之,其事遂寝。"①

2. 马重绩等进所撰新历《调元历》二十一卷

《旧五代史·晋书四·高祖纪四》卷七十八:"(天福四年八月)丙辰,司天监马重绩等进所撰新历,降诏褒之,诏翰林学士承旨和凝制序,命之曰《调元历》。"②

3. 史馆奏请令宰臣一人撰录《时政记》

《旧五代史·晋书四·高祖纪四》卷七十八:"(十一月)戊寅,史馆奏:'请令宰臣一人撰录《时政记》,逐时以备撰述。'从之。"③

---

① 《旧五代史》,中华书局 1976 年版,第 1025—1027 页。
② 《旧五代史》,中华书局 1976 年版,第 1031 页。
③ 《旧五代史》,中华书局 1976 年版,第 1033 页。

4.礼官奏请杂用九部雅乐

《旧五代史·晋书四·高祖纪四》卷七十八:"壬戌,礼官奏:'正旦上寿,宫悬歌舞未全,且请杂用九部雅乐,歌教坊法曲。'从之。"①

---

① 《旧五代史》,中华书局 1976 年版,第 1034 页。

后晋天福五年　公元 940 年

1. 以孔子四十三代孙仁玉为兖州曲阜县令

《册府元龟·帝王部·崇儒术第二》卷五十:"天福五年四月辛酉,以文宣王四十三代孙袭文宣公孔仁玉为兖州曲阜县令。"①

2. 后晋敕明经、童子、宏词、拔萃、明算、道举、百篇等科并停

《旧五代史·选举志》卷一百四十八:"(晋天福五年)四月,礼部侍郎张允奏曰:'……但今广场大启,诸科并存,明经者悉包于《九经》《五经》之中,无出于《三礼》《三传》之内,若夫厘革,恐未便宜。其明经一科,伏请停废。'又奏:'国家悬科待士,贵务搜扬;责实求才,须除讹滥。童子每当就试,止在念书,背经则虽似精详,对卷则不能读诵。及名成贡部,身返故乡,但克日以取官,更无心而习业,滥蠲徭役,虚占官名。其童子一科,亦请停废。'敕明经、童子、宏词、拔萃、明算、道举、百篇等科并停。"②

---

① 《册府元龟》,中华书局 1960 年版,第 565 页。
② 《旧五代史》,中华书局 1976 年版,第 1979—1980 页。

后晋天福六年　公元 941 年

1. 后晋诏修唐史

《旧五代史·晋书五·高祖纪五》卷七十九：天福六年二月"己亥，诏户部侍郎张昭远、起居郎贾纬、秘书少监赵熙、吏部郎中郑受益、左司员外郎李为光等同修唐史，仍以宰臣赵莹监修"①。

2. 贾纬上所撰《唐年补录》六十五卷

《旧五代史·晋书五·高祖纪五》卷七十九：二月戊申，"起居郎贾纬以所撰《唐年补录》六十五卷上之，帝览之嘉叹，赐以器币，仍付史馆"②。

3. 赵莹奏请下敕命购求唐代遗书

《五代会要》卷十八："（四月）监修国史赵莹奏：'自李朝丧乱，迨五十年，四海沸腾，两都沦覆，今之书府，百无二三。臣等虔奉纶言，俾令撰述。褒贬或从于新意，纂修须案于旧章，既阙简编，先虞漏略。今据史馆所阙唐书实录，请下敕命购求。……臣与张昭远等所撰《唐史》，叙本纪以纲帝业，列传以述功臣，十志以书刑政。所陈条例，请下所司。'从之。"③

---

① 《旧五代史》，中华书局 1976 年版，第 1045—1046 页。
② 《旧五代史》，中华书局 1976 年版，第 1046 页。
③ 《五代会要》，上海古籍出版社 1978 年版，第 295—296 页。

后晋天福八年　公元 943 年

1. 田敏进印本《五经》

《旧五代史·晋书七·少帝纪一》卷八十一：天福八年三月庚寅，"国子祭酒兼户部侍郎田敏以印本《五经》书上进，赐帛五十段"[1]。

---

① 《旧五代史》，中华书局 1976 年版，第 1076 页。

后晋天福九年/开运元年　公元 944 年

1. 后晋诏复置明经、童子二科

《旧五代史·晋书九·少帝纪三》卷八十三:"(开运元年八月)乙巳,诏复置明经、童子二科。"①

---

① 《旧五代史》,中华书局 1976 年版,第 1095 页。

后晋开运二年　公元 945 年

1. 刘昫、张昭远等上新修《唐书》二〇三卷

《旧五代史·晋书十·少帝纪四》卷八十四:"(开运二年)六月乙丑朔,帝御崇元殿,百官入阁。监修国史刘昫、史官张昭远等以新修《唐书》纪、志、列传并目录凡二百三卷上之,赐器帛有差。"[1]

---

① 　《旧五代史》,中华书局 1976 年版,第 1108 页。

后汉乾祐元年　公元 948 年

1.国子监奏请雕造《周礼》《仪礼》《公羊》《穀梁》四经

《旧五代史·汉书三·隐帝纪上》卷一百一:"五月己酉朔,国子监奏:《周礼》《仪礼》《公羊》《穀梁》四经未有印板,欲集学官考校雕造。从之。"①

————————

① 《旧五代史》,中华书局 1976 年版,第 1348 页。

后周广顺元年　公元 951 年

1. 贾纬等上所撰《晋高祖实录》三十卷、《少帝实录》二十卷

《旧五代史·周书二·太祖纪二》卷一百一十一:"(广顺元年秋七月)壬申,史官贾纬等以所撰《晋高祖实录》三十卷、《少帝实录》二十卷上之。"①

---

① 《旧五代史》,中华书局 1976 年版,第 1473—1474 页。

后周广顺二年　公元 952 年

1. 后周太祖往曲阜，谒孔子祠

《册府元龟·帝王部·崇儒术第二》卷五十："广顺二年五月,亲往兖州。辛未,遣端明殿学士颜行,往曲阜祀文宣王庙。六月己酉,幸曲阜,谒孔子祠。"①

---

① 《册府元龟》,中华书局 1960 年版,第 565 页。

后周广顺三年/后蜀广政十六年　公元 953 年

1. 后周赵上交奏改明经等科试法

《文献通考·童科》卷三十五："周太祖广顺三年,户部侍郎、权知贡举赵上交奏:'童子元念书二十四道,今欲添念书通前五十道,念及三十道者放及第。'从之。"①

2. 后蜀毋昭裔请刻板印《九经》

《资治通鉴·后周纪二》卷二九一"广顺三年"条:"自唐末以来,所在学校废绝,蜀毋昭裔出私财百万营学馆,且请刻板印九经。蜀主从之。由是蜀中文学复盛。"②

3. 田敏献印板书《五经文字》《五经字样》各二部,一百三十策

《全唐文·田敏·进印板书奏》卷八六五:"臣等自长兴三年较勘雕印九经书籍,经注繁多,年代殊邈,传写纰缪,渐失根源。臣守官胶庠,职司较定,旁求援据,上备雕镌。幸遇圣朝,克终盛事,播文德于有截,传世教以无穷。谨具陈进。"③

---

① 马端临:《文献通考》,中华书局 2011 年版,第 1018 页。
② 《资治通鉴》,中华书局 1956 年版,第 9495 页。
③ 《全唐文》,中华书局 1983 年版,第 9064 页。

4. 范质权监修国史

《旧五代史·周书四·太祖纪四》卷一百一十三:"(广顺三年五月)甲午,中书侍郎、同平章事、集贤殿大学士、权判门下省事范质,可权监修国史。"[①]

---

① 《旧五代史》,中华书局 1976 年版,第 1496 页。

后周显德元年　公元 954 年

1. 冯道卒

冯道（882—954），字可道，号长乐老，瀛州景城（今河北沧州西北）人。少纯厚，好学善属文。历仕后唐、后晋、后汉、后周四朝，累拜户部侍郎，充翰林学士，迁兵部侍郎，任宰相、太师、中书令，加守太尉，进封燕国公等。显德元年四月十七日，年七十三，册赠尚书令，追封瀛王，谥曰"文懿"。

后周显德三年/南唐保大十四年　公元 956 年

1. 后周诏诸处求访补填史馆所少书籍

《旧五代史·周书七·世宗纪三》卷一百一十六:"(显德三年十二月)癸亥,诏兵部尚书张昭纂修太祖实录及梁均王、唐清泰帝两朝实录。又诏曰:'史馆所少书籍,宜令本馆诸处求访补填。如有收得书籍之家,并许进书人据部帙多少等第,各与恩泽;如是卷帙少者,量给资帛。如馆内已有之书,不在进纳之限。仍委中书门下,于朝官内选差三十人,据见在书籍,各求真本校勘,署校官姓名,逐月具功课申报中书门下。'"①

2. 徐锴为《曲台奏议集》作序,论为文之旨

《曲台奏议集序》载于《全唐文》卷八八八。

3. 王朴撰成《钦天历》(《显德钦天历》)十五卷,上之

《旧五代史·志二·礼志上》卷一百四十:"至周显德二年,世宗以端明殿学士、左散骑常侍王朴明于历算,乃命朴考而正之。朴奉诏岁余,撰成《钦天历》十五卷,上之。……世宗览之,亲为制序,仍付司天监行用,以来年正旦为始,自前诸历并废。"②

---

① 《旧五代史》,中华书局 1976 年版,第 1551—1552 页。
② 《旧五代史》,中华书局 1976 年版,第 1863—1867 页。

后周显德五年　公元 958 年

1. 后周中书门下进《大周刑统》

《旧五代史·周书九·世宗纪五》卷一百一十八:"(显德五年秋七月)丙戌,中书门下新进册定《大周刑统》,奉敕班行天下。"[①]

2. 窦俨集文学之士,撰集《大周通礼》《大周正乐》

《资治通鉴·后周纪四》卷二百九十三:"(显德四年)九月,中书舍人窦俨上疏请令有司讨论古今礼仪,作《大周通礼》,考正钟律,作《大周正乐》。"[②]

《旧五代史·周书九·世宗纪五》卷一百一十八:"(显德五年)十一月丁未朔,诏翰林学士窦俨,集文学之士,撰集《大周通礼》《大周正乐》,从俨之奏也。"[③]

3. 兵部尚书张昭等撰《太祖实录》三十卷成,上之

《旧五代史·周书九·世宗纪五》卷一百一十八:"(显德五年六月)乙亥,兵部尚书张昭等撰《太祖实录》三十卷成,上之,赐器帛有差。"[④]

[①]　《旧五代史》,中华书局 1976 年版,第 1574 页。
[②]　《资治通鉴》,中华书局 1956 年版,第 9571 页。
[③]　《旧五代史》,中华书局 1976 年版,第 1576 页。
[④]　《旧五代史》,中华书局 1976 年版,第 1574 页。

后周显德六年　公元 959 年

1. 王朴上疏论乐

《资治通鉴·后周纪五》卷二百九十四："（显德六年）初,有司将立正仗,宿设乐县于殿庭,帝观之,见钟磬有设而不击者,问乐工,皆不能对。乃命窦俨讨论古今,考正雅乐。王朴素晓音律,帝以乐事询之,朴上疏,以为:'礼以检形,乐以治心;形顺于外,心和于内,然而天下不治者未之有也。是以礼乐修于上,万国化于下,圣人之教不肃而成,其政不严而治,用此道也。夫乐生于人心而声成于物,物声既成,复能感人之心。'"①

2. 诏尚书省集百官详议乐律

《旧五代史·周书十·世宗纪六》卷一百一十九："是月（显德六年春正月）,枢密使王朴详定雅乐十二律旋相为宫之法,并造律准,上之。诏尚书省集百官详议,亦以为可。语在《乐志》。"②

3. 高丽国遣使朝贡,兼进《别序孝经》一卷、《越王孝经新义》八卷、《皇灵孝经》一卷、《孝经雌图》三卷

《旧五代史·周书十一·恭帝纪》卷一百二十："（显德六年八月）壬寅,高丽国遣使朝贡,兼进《别序孝经》一卷、《越王孝经新义》八卷、《皇灵

① 《资治通鉴》,中华书局 1956 年版,第 9591 页。
② 《旧五代史》,中华书局 1976 年版,第 1579 页。

孝经》一卷、《孝经雌图》三卷。"①

4. 史馆奏请差官修撰《世宗实录》

《旧五代史·周书十一·恭帝纪》卷一百二十:"(显德六年)十二月壬申朔,史馆奏请差官修撰《世宗实录》,从之。"②

---

① 《旧五代史》,中华书局 1976 年版,第 1595 页。
② 《旧五代史》,中华书局 1976 年版,第 1596 页。